童年與解放衍本

［復刻版］

黃武雄

目次 Contents

序篇

本篇

附篇

序篇

本書作者自序

——林間對話

動手寫《童年與解放》是十幾年前的事了，書是一九九四年由人本教育基金會出版的。書出了十年，共和國文化郭重興先生還願意出資交左岸出版社重印，並由社區大學全國促進會顧忠華教授慨允放到社大文庫中，讓這本書繼續流傳，身爲書的作者，我無比感激。

書放到社大文庫（左岸）的原因之一是，我最近寫了另外一本書《學校在窗外》也放在同一文庫裡。這樣兩本書有點像姊妹作，放在一起可以有互補的作用。清華大學李丁讚教授在他的導讀（見頁一四）中指出：如果《童年與解放》的主軸是人的自然能力，那麼《學校在窗外》所分析便是人的文明能力。是的，十幾年前爲了要提醒世人兒童天生有可貴的創造特質，如整體辨認事物的能力等，並試圖以此探討小孩學習語言的稟賦背後所存在的機制，我在《童年與解放》（以下簡稱《童》書）中特別強調人的自然能力，這些自然能力是人的幼兒與生俱來的。

最近寫《學校在窗外》（以下簡稱《窗》書）我則側重人的文明能力。對我來說，文明的主要特徵是抽象，因此我於《窗》書中，用了相當篇幅討論人的抽象能力，並指出學校教育中的「套裝知識」其實是一套抽象語言，它原本的企圖是要藉由抽象的手法去尋求事物的普遍性，但過分倚賴描述普遍性的既有知識，忽略由特殊尋求普遍的抽象過程，套裝知識中的普遍性會與「經驗知識」中的特殊性產生斷裂，造成學校教育浮離於眞實世界之上的詭異現象。這層斷裂也就是李丁讚教授在導讀中所說文明對人的壓迫與重量。

比較《童》《窗》兩書，它們論述的起點，就《童》書來說是人的原始創造特質，就《窗》書而言則爲人生存的原始趣向。前者是人來到世界天賦的能力與態度，後者則爲人活在世界天生的動力與興趣。我試圖以人這些與生俱來的能力與動力，去搭起一個世界觀，藉之引發讀者的討論、駁斥或共鳴。對我來說既有世界中的眞善美並非絕對。用自己天生的能力與動力去解構與重建他的世界觀，是每一個個人一生永遠的功課。

《童年與解放》一書自一九九四年出版迄今十年，引發許多回應與評論，我非常感謝政大顧忠華、清大李丁讚及台大史英等三位教授願意在本書重印之際，為它寫序文、導讀與評論，由於他們的文章，書的內容有了公開的對話，也因此增色不少。事實上，三篇文章都貢獻了撰寫者本身長年關注人、關注教育、關注社會心力投落在思維與實踐兩方面的可貴經驗，並藉詮釋與評論《童》書呈現他們個人獨特的觀點。

我把書的重印本稱為《童年與解放衍本》，便因為增添三位教授的評論。同時我在附篇中也增印了一篇兩萬字的長文〈金粉紅粧的形象〉，把書中所建構的理論衍伸到當代當地的政治實踐面去作社會分析，讓理論印證於實際。這十年之間，摯友陳佩英、李禮孟、杜文仁、吳介民、李天健、林眞美、周聖心、鄭婉琪、廖美、黃富成、張素眞也都寫過或與我對談過一些他們對本書內容的看法，他們的觀點啓發我從更多元或更務實的面向去思考問題，尤其去年杜文仁在「社大開學」雜誌中洋洋灑灑寫了上萬字的書評，更直陳與書中若干論述相悖的歧義。這些回應與質疑將在年內匯集成書，並放入「社大文庫」，進一步白話或深化與本書相關的論述。

另外我記得一九九五年有一篇〈林間對話〉，紀錄吳介民與我對談這本書的內容。這篇記錄後來經過文字整理刊登在〈人本教育札記(第七十七期)〉;今日重讀,仍有一些感觸。我把它收錄於此,作爲本書自序的結束。對話當時吳介民還在哥大(Columbia University)當研究生,現在已在清華大學社會研究所任教。

翻查這篇紀錄,當時是用這麼一段「編按」的文字起了頭的:

—林間對話的場景是天冷霧重的早春,幾個朋友蜷徜於林間小屋,對話的語調或因寒凍而滯重緩慢,對話的間隔則是久久的沈寂。

介民:書的第一版和第二版,有顯著的修改,就是第二版封面上的圖畫放大了;而且,圖畫的色彩也加深加濃了(參見圖7)。作者顯然有意讓讀者更清楚地「閱讀」這個封面(參見圖7)。一個作家這麼堅持自己畫插畫、這麼固執地邀請讀者的注意,並不多見。在第三版的封面印製上,這個企圖更加突出。

這張畫給人一種懸疑的氣氛:藍紅夜空下的森林裡,有個裸身背對著讀者的小孩(或大人?)在端詳著(或只是張望著?)比自己身體還碩大的影子。邏輯上,那影子並非月光的蔭映;光源來自「畫面之外」的某處。(這不禁讓人想起柏拉圖的「洞喻」。）

——人和自己的影子有何關係？這個關係，又和你書中主要的理念，有何關連？

本書作者：你對畫面的詮釋，尤其詮釋底層的想像力，讓我吃驚。我當初作畫，憑的是感覺，不是邏輯。邏輯頂多是散漫的座落於感覺之中。感覺來自生活經驗，生活中自然有因果。即使是夢，或多或少也有邏輯。但這並不意味著畫、感覺或夢需要符合邏輯。超越邏輯而不刻意蔑視邏輯，正是文學與藝術的特質。

你的詮釋——光源似乎來自「畫面之外的某處」——叫我心喜。這番文學的詮釋，使這張畫更富有詩意。「來自畫面之外的某處」，很有意思，我喜歡這個看法。原來我只想畫出一種聲音，這聲音在宣告著「一個小孩誕生了」（A child is born!）。藍紅的夜空是空蕩蕩的深邃，卻像空谷回音似的能將小孩的裸身反映出他巨大的影子。這個巨大的影子也許是他未來走進成人世界的模樣。通常我們都以爲小孩只是成人的雛形，我則以爲人之眞實世界的起點在於小孩身上，小孩身上所奔流的是人類祖先充滿創造活力的血液。小孩肉身的紅對比於他本身投影在夜空中的白，恰好象徵著童年創造活力的眞實。

創造活力使人勇往無懼。文明世界中的無端恐懼與人的不安全感，則使人老化。

最近有人在討論人的童年已快速在消逝，小孩才四、五歲，就已跳過童年，用成人的言語、歌舞、動作與嗜好取代童年原有的一切。其實不只是這樣，作爲地球上的一個物種，整個人類的童年，都在消逝。一九九四年在法國Ardèche地區的洞窟發現了兩萬年前的壁畫[1]，畫的氣勢磅礡，有當代潑墨藝術的無拘無礙，同時又有自達文西到畢卡索以來，這一級大家筆下純熟精練的線條。鬼斧神工，鮮活躍出洞壁的生命力，讓人誤以爲不是人間而是神的作品（見圖4至5）。事實上，一九四〇年四個小男孩[2]在法國波爾多東邊約一百哩處的Lascaux洞窟也發現過同樣偉大的壁畫，時間也約略在一萬八千年前，壁畫的原創力一樣叫人驚歎，藝術家更運用洞窟內石巖的層次遠近，塑造出如眞還

【1】發現者爲Jean-marie Chauvet, Éliette Brunel, Christian Hillaire, Cirque d'Estre等四人。

【2】四個小男孩在一次郊遊的探險中發現了Lascauxw洞窟內的壁畫。他們的名字叫Marcel Ravidat, Jacques Marsel, Georges Agnel與Simon Coencas。

假的三維空間感，尤其使人感到震撼（參見圖1、2、3）。兩萬年前，那是遠古的舊石器時代，遠古到尼羅河、恆河與黃河的古文明都尚未誕生。相較於東方傳統的文人畫與西方自基督紀元以來到十九世紀的繪畫，我們可以看到人類的藝術水平在有了文明之後，反而明顯下降。這現象尤其表現在社會組織強固的某些特定時期中。這很像小孩原來敢大膽用色，毫不猶豫地畫出他的感覺（見圖6至12），可是從進入文明體制的那一刻起，作畫的束縛就越來越多。

當然我不是單純在歌頌自然的原始與讚美小孩，而反對文明。其實正好相反，文明與自然是辯證的發展，我在書中反覆強調這個論點。書的起頭便提出人本主義與自然主義不同的地方。

柏拉圖的「洞喻」，是說事物的概念、發展的法則與未來指向的理想，這三者的總和所構成的「觀念」最為實在。它是抽象的，是屬於上帝世界的東西，因此是世界的本質。至於人間特殊的具體事物，則是本質的投影，是短暫的，如虛如幻。就像「觀念」反而是洞口的實體，經洞外的光，投射在洞內的石壁上變成光怪陸離的影像一樣，人間可以摸得到看得到的東西，在柏拉圖的觀念論看來，都是扭曲變形的，都是不完美甚或殘缺而不值一顧的，只有「觀念」反而是眞實的，是唯一久遠的。舉個例子說，從販夫走卒到達官貴人，每一個人本身都只是「人」這種觀念的投影，是短暫而虛幻的。只有「人」這觀念本身能及於久遠，像恐龍雖然已經絕種，「恐龍」這個觀念仍活靈活現的存在到現在。

我書中所持的論點，卻與柏拉圖這種觀念論相反，而強調存在主義以來所主張的「存在先於本質」。最眞實的是現在，是小孩的肉身及人原始的創造活力。我試圖從小孩的原始特質出發，來開展書中所要呈現的世界觀。「特殊先於普遍」，「具體先於抽象」是人本主義的論述基礎。

另外，我很高興你也感染了那裸身的小孩在端詳、或在張望著自己影子的神情。這神情像是書中內容的伏線。有一次一位南部來的朋友，告訴我她已年過四十，還很喜歡玩自己的影子，看自己在路燈下變長變短或迴轉不已的影子。童年稍逝之後，人再也不會去玩自己變幻的影子。現實生活切斷了人對神祕的敏感。這也是費里尼尤其後期的影片，會讓人睏睡的原因。

介民：你提出人的自然能力辯證發展的可能性，是最主要的理論貢獻。唯有確認了這個論點，才能說你解決了皮亞傑的「認知發展論」和喬姆斯基的「變形語言論」之間的爭論。我試著整理你對文明能力和自然能力的區分如下：

這個分析比較表／如有任何扭曲，不符你的原意，請立即指出。

本書作者：你的分析比較表，大致是書中的原意。只是「具體操作」一項須做點修正，把它改為「分析性操作」或許較為貼切。因為在「整體性操作」中幼兒手腦協調的能力反而優於大人，例如小孩很容易抓到種種舞姿的神髓，而自由跳出那種自然天成的「舞

表一 自然能力與文明能力的比較

	自然能力	文明能力
認識的特質	掌握整體特效 整體了解	分析區辨 細微描述
具體的操作	精確複製能力低 手腦協調程度低	精確複製能力高 手腦協調程度高
道德的形貌	主觀／自我中心 未分善惡	主觀互證的建構 （intersubjectivity） 善惡觀念形成
知識的型態	感覺／直觀	邏輯／推理

感」，那種流暢的韻律。相對於小孩，一般沒受過訓練的大人，舞便顯得笨拙不堪。跳舞對小孩來說，是具體但屬整體性的操作，大人學舞常靠分解動作，小孩則靠舞感。跳舞是一種整體性操作，要掌握舞感，則須依賴良好的身體協調。身體協調當然包含了腦部與四肢，與軀體的協調。所以說，只有在分析性操作的事務，如駕駛、控管與計算上，大人的手腦協調比小孩好，而在整體性操作的事務中，小孩的身體協調反而比大人好。另外「道德形貌」一項所說的自我中心，並不表示兒童是自私的。這裡說的「自我中心」是因認知上的限制，兒童只能從自己的感官去了解世界，所以他無法照顧到別人的感受，而不是說兒童只自私自利，不管別人的痛苦。這點是要特別釐清的。

介民：我很同意你說的：「超越邏輯而不刻意蔑視邏輯，正是文學與藝術的特質。」不知道這樣進一步詮釋你書中的主軸思想對不對：「超越文明能力，而不刻意蔑視文明，正是人類進步的動力。」這個詮釋，乍聽之下可能有些奇怪。黃武雄不是大費周章在為人類的自然能力「翻案」嗎？《童年與解放》一書，不是在喟嘆人和人類童年的消逝嗎？

我的閱讀是這樣的：兒童的自然能力，處於當前當下的社會環境，就是被編織在特定的文明網路、社會制度、權力關係之中。以語言的學習為例，今天台灣小孩所攫取的「套裝語句」的源頭，很多是台灣化的北京話，而不是五十、七十年前日本殖民底下的台灣方言，也不是幾百年前大移民時代的河洛話和客話，當然也完全與原住民的語言毫不相干。人學習語言的自然能力，是處於不斷變遷的文明之中的。某一文明在特定時空，提供給特定的一群小孩學習語言的「初始條件」；而這初始條件也不斷被小孩們所重新建構；小孩和語言的學習創造，就這樣辯證地展開。

簡言之，文明能力和自然能力，在人之物種，經過多線卻不連續地，演化了上百年後的今天，兩種能力已經揉合在一塊，兩者的區分，是為了分析上的方便，而非人之求存能力上的本質差異。

為什麼我會這樣詮釋／使用你的論點呢？因為我感覺，當前世界人群的割裂，在於「超科技」和「超自然」這兩種信仰的鬥爭傾軋。一方面科技，尤其是電腦的發展，給許多人帶來更多的希望與崇拜（cult）——生產力的無限、商機、效率。另一方面，對科技世界失望的人，或在其中失敗者，則遁入「自然」的懷抱——輪迴、神祕宗教、避居郊野。我的直覺是，這兩種人是不太溝通的、互不信任的。

當然，科技在可見的未來，仍然霸佔住主流的位置，也就是說，它仍將主宰著生產與分配。但是，「避世的自然主義」正在點點滴滴地積累其影響力。「超自然」，我意指的這種自然主義，瀰漫著對「自然」的過度期待和依賴，而似乎忘記了人的祖先們，是在和大自然無窮盡搏鬥之後，才獲致今天的文明成果。如果我們一下子這樣把它拋掉，似乎過於天真無知。

我相信，這絕非你的原意。你在書中也明白指出：「辨認整合的自然能力與描述分析的文明能力並非截然分離的兩種能力。在良好的教育環境下，使兒童的心智兼容兩者，會使兩者相互作用，發生辯證發展的關係，而催化兒童心智成熟。」同時，你在前答中，也重申人本主義不同於自然主義。但是，由於你對當前後期資本主義文明的頹靡沈落，在整本書中透露著悲觀無出路的感慨，會使你的書在通俗化的流通過程中被誤解、誤用，而變成支持「超自然」社會運動的一個理論基礎。別忘了，你的《童年與解放》被聯合報評為年度十大好書，在圖書「市場」裡一時洛陽紙貴。而趙寧在台視主持的「笑談書聲」節目，也介紹了這本書。

請讀一讀你在〈聖誕節的煙火〉那一節，對後冷戰時代的戰爭屠戮、新帝國主義、媒體霸權、新聞封鎖、「空了心的殺手」的指控！再況味一下你那優美得心眼裡佈滿鄉愁血絲的詩跋！

我擔心，你的書，會陷入一個吊詭的命運：許多人買了它，捧讀它，不是難以窺其微義，便是抓取「唾棄」資本主義工業文明的部份。你出名了，但是，你將不再是「黃武雄」！

希望這只是危言聳聽。然而，你田園風的鄉愁意境，的的確確無所不在地界定了黃武雄的文體。

本書作者：我知道你的憂慮。但這不是從來就有的問題嗎？儘管作者聲嘶力竭的把他的論點一再強調，讀者還是用他自己的經驗去「了解」作者的意思。一個論述，經過五個人口傳，通常便已面目全非。文字的轉述會好一點，但仍然不能期待高度的傳眞。

由於人的意念、訊息或論點傳遞的困難，我才會不斷強調經驗世界的拓廣，甚至以此作爲知識的定義，作爲教育的首要任務。一個內心具有廣闊經驗世界的人，才有可能穿透別人的經驗，較精確的掌握別人的意思。也因此知識才會成爲語言與溝通行爲的基礎。

基於同樣的困難，我在書末指出：「如果這本書曾帶給讀者一點好處，那麼那好處便是讀者與作者的經驗起了碰撞，在碰撞中發生新的問題。」其實我也反對讀者失去了自己的主體經驗，而被作者的論述淹沒。

至於讀者對書中主要論述的誤解，能多一番機會澄清，總是好事。我從來沒有宣揚過「超自然」的信仰。小孩對周遭世界的神祕感，與神祕主義的超自然信仰是兩回事。前者來自於未知，後者則衍爲不可知。小孩對世界感到神祕，一則是因四周的一切對他是如此陌生，因陌生未知而覺得神祕，二則是他的敏感、想像與創造等種種特質，使他把陌生未知的世界在他心中譜成神祕詭譎的世界，這種似夢非夢的情境便是詩的意境。好的童話或兒童文學便應延伸兒童這種如夢似眞的意境，而不是汲汲於把大人奇妙的意象，甚或理性的教條塞入兒童的想像世界。費里尼晚年最遺憾的一件事，便是他一直沒完成一部描寫兒童世界的影片，他說兒童最珍貴的特徵是「想像與實際的分界曖昧模糊」。他曾構想拍攝一群孩童生活在一幢深宅巨院內的故事，捕捉樓梯間小孩猝然擁抱在一起的感覺。費里尼批評學校教育，是因學校硬把小孩內心的想像與實際分開。他說「夢是唯一的眞實」意味深長，讓人吟詠。

超自然的信仰，顯然是另一回事。這裡「未知」已躍變爲「不可知」，在不可知的保護傘之下編織著神話，在天國或地獄賦以類似人世組織的權力關係，預言與說教。這些都不是小孩內心不分想像與實際的神祕世界。

如果你所說的「超自然信仰」不是現世宗教的神祕主義，而只是「避世的自然主義」，我則覺得累積其影響力沒有什麼不好。它是對主流科技文明的反思，在資本主義倡導消費的巨流中，它的聲音非常微弱。我們看不到幾十年內它能壯大到形成與科技的工商文明對決的力量，除非大自然的反撲忽然降臨，像臭氧層的破洞、地表氣溫上升等造成人類甚或地球所有生物的大災難。

從表面上看，科技文明代表的是理性，避世的自然主義則是非理性。其實骨子裡正好相反，當科技流爲工商社會的工具，它所代表的理性已經工具化，而失去了理性本來的面目，也因此失去了它解放人類心智的功能。反過來，避世的自然主義，則是人對消費文明的理性叛逆，是人的理性在預見文明過份掠奪自然，將導致文明的毀滅後，才用「依存自然」來對抗消費文明。這很像啓蒙時期人的理性預見社會組織過份壓抑個人，將導致社會的發展阻滯不前，才打出「自由、平等、博愛」的旗幟對抗君權與神權一樣。十八世紀末期，理性抗議的是集體與個人的對立面，二十世紀的今天，理性處理的則是文明與自然的對立面。

在眾多的「理性」一詞的定義中，我所談的理性，是指人自童年起，便在外在世界的衝激下，透過不斷體驗、不斷摸索，所逐步形成的一種抽象思維的能力，而不是指沒有血肉的邏輯推理，或由外而內的普遍教條。

我這樣違反流行觀點，把你所說的「避世自然主義」與「理性」結合，而不與「非理性」掛勾，其實是來自現世的觀察：至少在西方世界是如此，在東方（少數除道家外）

則難免會沾上宗教的神祕主義，讓我用史谷脫．聶爾寧（Scott Nearing）的事蹟，來說明理性叛逆與避世自然主義的關係。最近坊間出了一本關於聶氏夫婦的傳記[3]，由妻子海倫（Helen Nearing）追述寫成。聶氏是典型的避世自然主義者，他與海倫於一九三二年便僻居美國東北Vermont與緬因州的窮鄉，自蓋農舍，專事耕織與寫作。堅持素食，無糖無鹽，甚至不喝茶或咖啡，不看醫生。生活極爲簡樸，卻悠游自得，終其一生宣揚世界和平與社會正義。一九八〇年他九十七歲，被問及是否相信上帝時，他的回答是：「我相信宇宙中時刻都在變化的一切，上帝便是這一切存有（All that is）」，海倫補充說：「我們很少用上帝（God）一辭，我們用the All-being或the Great Eternity，不就可以了解了？」這是不帶神祕主義的「避世自然主義」。但當聶氏談世界和平與社會正義，他力量的泉源卻是來自理性的叛逆。早在一九一五年，當他年輕時，他曾經是賓州大學的經濟學教授，他說：「在我研究經濟學之前，我只聽說過貧窮，也相信貧窮與罪惡的存在，但我萬萬沒想到它遍佈每一城鎮與鄉村。我們作爲人的智慧與能力被壓抑了。如果眾人能夠較多的機會發展，我們的社會將因進步而改觀。窮人應該認識在選票箱前團結一致，或許命運會改變。」爲了反對雇用童工，他加入賓州童工委員會，積極推動立法，卻因此觸怒大學董事會而被解聘，其後任職於俄亥俄州 Toledo 大學及至第一次世界大戰爆發，他堅持反戰立場，指控「戰爭是各大帝國之間的權力鬥爭，正有組織的在毀滅人類珍貴的文明，殺戮千百萬人的生命。」因此被威爾遜鼓起的愛國主義者列爲不受歡迎的人物，而再度被逐出大學校園。其後完成《偉大的瘋狂》一書，分析並強烈譴責戰爭，也因此被政府起訴。

即使在一九三二年他與海倫闢地隱居、回歸自然之後，他仍不斷撰文批判墮落中的文明。一九八三年，在百歲誕辰前一個月，他向朋友們宣佈：「我想我不再吃東西了」，於是他開始絕食，只喝飲料，準備告別人生。八月二十四日，絕食一個半月之後的一天早上，他在海倫懷裡停止呼吸，耳畔海倫吟詠印第安人的頌歌：

【3】《情別浮生》（Loving and Leaving the Good Life）中譯本名《美好人生的摯愛與告別》，正中出版，一九九五年。

像樹那樣高踏行走
像山那樣豐沛強壯
像雪融春來
和風那樣溫柔解人
你心中永懷煦日的溫暖
一切存有，常與你同在。

這如詩如幻的境界，刻畫的是一個避世自然主義者的生命。但這種生命屬於聖者，人要成爲避世的自然主義者，需要堅強的毅力與理性去抗拒誘惑，因此不可能蔚爲風潮。其實這種避世自然主義的本質是保留主義（conservationism），保留生命，保留資源。也許我改用「保留主義」來稱呼比較妥當。

相對於保留主義的，是以「宰制／戰爭／消費」爲基調的擴張主義（expansionism），背後是政治／軍事／企業的結合體。你說觀察到當前人群的割裂在於「超科技」與「超自然」的兩種信仰的對立。「超科技」與「超自然」二選一，幾乎每一個人不在「超科技」的陣營，便落入「超自然」的陣營，這使得人的思考不是極端現實，便是不著邊際，更使得反思體制、批判體制的聲音，削弱到細微難辨。

因此你憂心忡忡。你的觀察一針見血。我覺得造成這現象的一個原因是保留主義的概念沒有被清楚表述，而傳播給大家。保留主義應與超自然主義明白區隔，吸引對工業文明失望的人們認眞思考，並化爲行動。二十世紀之後最重要的思想戰場是「擴張主義」與「保留主義」兩種世界觀的對決。但以眼前發展的情勢來看，保留主義難成氣候，除非大自然反撲，人類付出慘重代價之後，擴張主義的勢力才會稍受節制。

或許還有一種情況，使保留主義抬頭，這個情況是《童年與解放》一書中所談人對世界整體的了解以及個體的解放能夠普遍實現。當許多人有能力去面對根本問題時，生命與資源才會獲得眞正的重視，小規模經營的自主社會也將到來。但我不敢預言什麼，這終究是遙不可期的事。

＊編按：本自序完整錄自二〇〇四年版，顧忠華等三位教授推薦文未收入復刻版中。

▲圖1　法國Lascaux洞窟壁畫片斷（之一）。1940年Marcel Ravidat等四個男孩在Montignac村莊附近發現。壁畫為舊石器時代約一萬八千年前人類祖先所繪。鬼斧神工，氣勢磅礴。（參考本書序篇林間對話頁十三，文字說明）

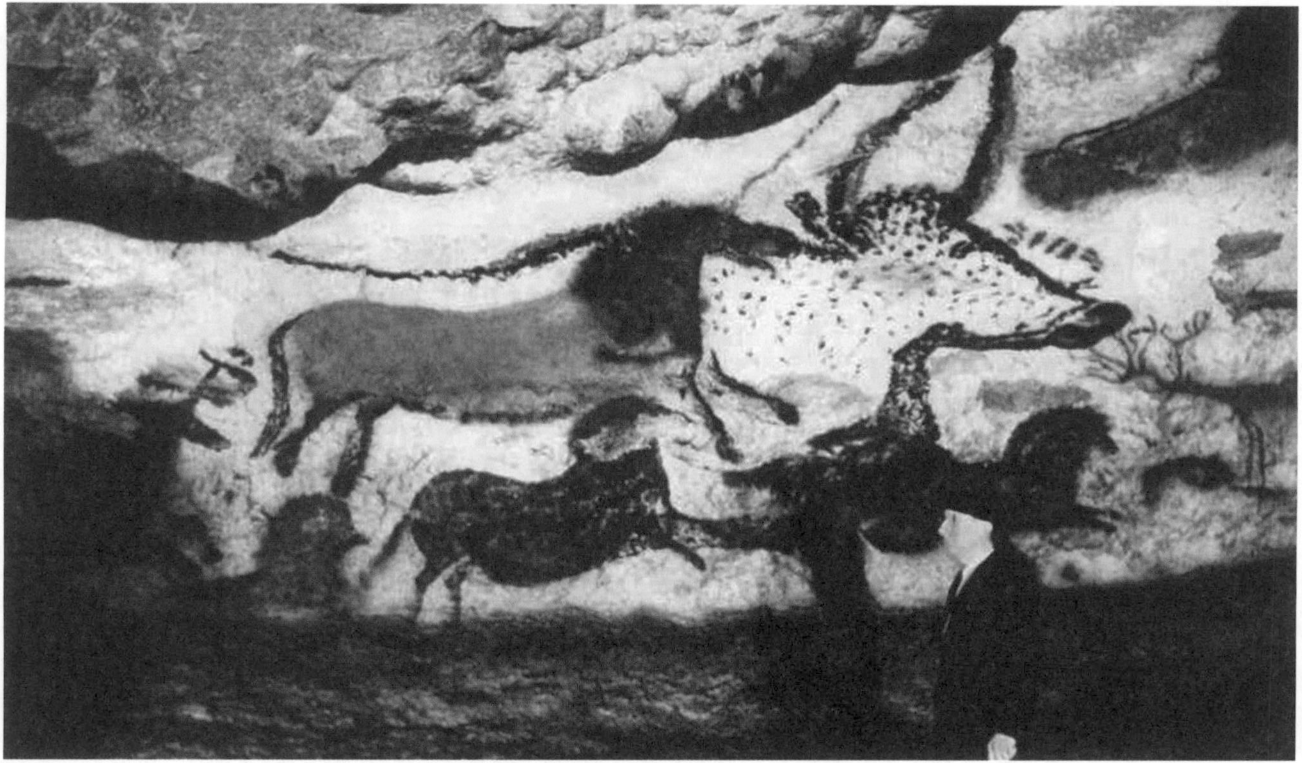

▲圖2 Lascaux洞窟壁畫之二。

▲圖 3 Lascaux 洞窟壁畫之三。

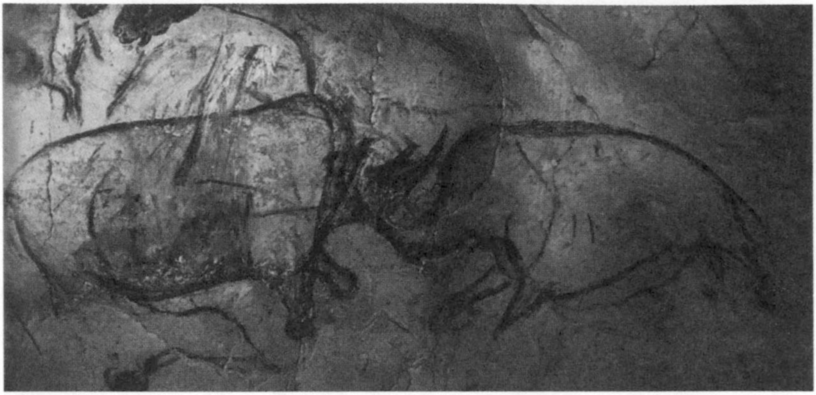

▲圖 4a

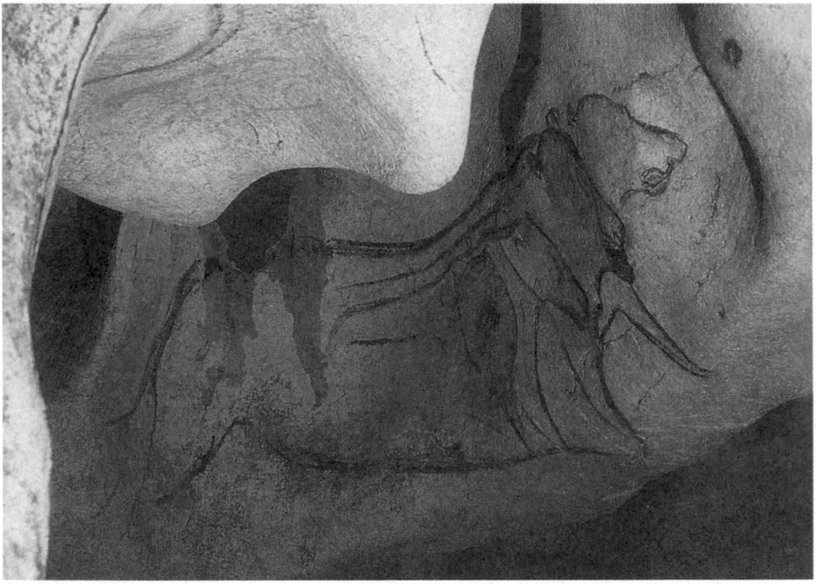

▲圖 4b

▲圖 4a, b　法國南部 Ardèche 洞窟壁畫之片斷。1994 年 Jean Marie Chauvet 等四人發現。成畫年代約兩萬年前，為現代智人克羅馬儂（Cro-Magnon）人所繪。

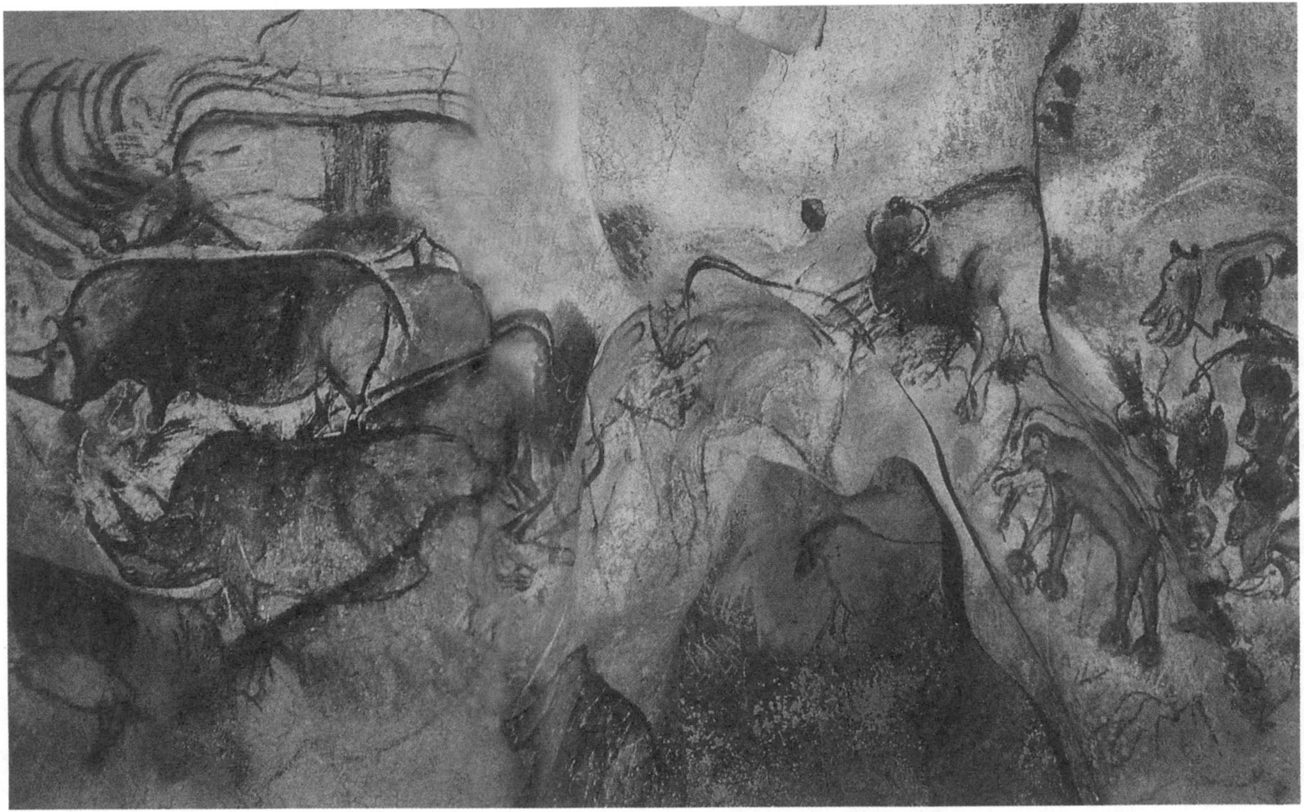

▲圖 5 Ardèche 附近 Chauvet 壁畫之片斷（之四）

◀圖 6a 1995/2/? 詢七歲。手已較能掌控繪筆，描述能力提高。

▼圖 6b 1990/12/11 詢三歲。背景由詢塗繪，作者最後在空白處加畫裸身者背影。

▲圖 7〈一個生命的誕生〉(A Child is born)，本書 1994 年版本封面，作者手繪，蠟筆／水彩／點漆。

▲圖8 作畫日期不詳，約在1992至1993年之間，詢約滿五歲。

▲圖 9　1992/4/28 詢四歲半。畫「山」，筆觸大膽，用色無忌。

▲圖 10 1992/2/9 詢四歲。畫於溪頭。

▲圖 11　1993/9/? 詢將滿六歲。用彩色筆畫鳥與風景。

▲圖 12a 1994，日期不詳，詢六至七歲。畫時口述有趣故事，惜未記錄。

▲圖 12b 1994/5/17 詢六歲半。用色仍豐富豔麗。

本篇

人即目的

一、人即目的

人的本身便是目的？人能不能是國家、宗教、家族，甚至是經濟體制的工具？

一七八八年康德[1]（Immanuel Kant）出版《實踐理性批判》時，初次提到「人即目的」的觀念。他這樣寫著[2]：

——人決不能被任何人，甚至不能被上帝，只當作工具，而不同時作為目的本身。

當時康德的主張，並不徹底。他認爲人之所以也必須是目的，是由於人爲**理性的存有物**，而理性是超驗的（transcendental）[3]，是上帝的面目，上帝則又是一切的目的，所以人也是一切的目的。

其後一年法國大革命爆發，震撼全世界。迄一七九四年底，法國人民完全擊潰歐洲保守聯軍的圍攻[4]，康德在革命的鼓舞中，才首度如此明白的宣稱：「人即目的不是工具」。主張每個人都應當被尊重，而且被承認他本身的絕對目的。如果因外在目的，把一個人當作工具來使用，便是侵犯了人類天賦的神聖權利。這時候，他認爲政府的功能，應該在幫助個人發展，而不應該在利用個人[5]。

不論是早期以「人原爲理性的存有物」，或後期以天賦人權來論證，康德都把人即目的的主張納入他所謂的絕對道德，亦即「實踐理性」（parctical reason）。實踐理性是本體的

【1】康德之於西方近代哲學，猶如蘇格拉底之於希臘哲學，我們以其理性哲學爲思辨的起點，圍繞人的認知，辯證的展開本書的主題。

【2】康德：《實踐理性批判》（Critique of Practical Reason），章二節五。

【3】康德把世界區分爲現象（phenomenal）與本體（noumenal）世界。前者可由經驗感知，並以超驗的純粹理性，例如古典時空或其所謂的「範疇」（category），作爲感知的基礎去整合經驗；後者則爲物自體（things in itself），超越純粹理性的認知。

【4】一七八九年七月十四日巴黎市民攻陷巴斯底（Bastille）監獄，爆發法國大革命，一七九二年九月法軍於 Valmy 一役，阻止奧普聯軍的攻擊。一七九四年年底西班牙與普魯士向法國求和。法國南境 Toulon 地區由英國支持的法國保皇黨勢力此時亦爲法國政府敉平。

【5】威廉杜蘭《西洋哲學史話》。

（noumenal），是超驗的，同時也是先驗的（apriori），出生時便安置於人的內心。他超越現世的宗教、政治、科學以及世界所有的價值與現象。

所謂實踐理性，實則是實踐純粹理性的簡稱。比實際純粹理性還明顯屬於本體的，則爲純粹理性（pure reason）。依康德的思想體系，時間與空間的數學結構便是純粹理性的地基，它們尤其是先驗而絕對的。

半個世紀之後，非歐幾何（Non-Euclidean Geometry）的發現，顯示另一個空間結構的存在，康德心目中的那個歐幾里德空間不再是唯一而絕對的空間，而二十世紀初相對論的建立，更告訴世人，時間觀念也可以因觀測系統改變而不同。康德純粹理性的地基崩塌了，連時間與空間都不再是先驗而絕對，那麼純粹理性的實踐面，作爲代表上帝的至善，其先驗而絕對的基礎，亦隨著動搖。

不過「人即目的不是工具」的信念，並沒有因爲康德先驗理性哲學的基礎動搖而跟著瓦解。事實上，使得它的輪廓逐漸清晰的，並不是任何哲學體系的勾繪，而是人真實的歷史。

法國大革命之後，人類社會經歷了前所未有的劇變。「人即目的」的信念，便在這空前劇變的歷史塵埃中，逐漸成形。

跨入十九世紀，工業革命逐步從根本改變了人生活的面貌，人在技術上成功的完成了能量形式的轉換與貯存，黑夜變成白晝，偏遠變成近鄰。在工業革命促成生產力大幅提高的同時，歐洲各國的帝國主義跟著興起，殖民的浪潮席捲亞非與拉丁美洲，億萬生靈在來不及看到摸到殖民者的槍身礮筒之前，已陷入滅種滅族，天地不應的劫難。近代嚴酷的國家主義，在富國強兵整齊劃一的步伐聲中成形了。國家神話被精心的刻劃。曾經爲了保護革命成果，在巴黎慷慨激昂的人心中凝結起來的徵兵制[6]，不久便被引進歐洲各國，結束了過去募兵制

【6】法國當時因徵兵制而參軍的兵員人數，超過其他歐洲各國聯軍人數的總和。歐洲在此之前各國發動戰爭只能募兵，其主要原因是人民不願替政府捨命打仗，政府也無法驅使數十萬人民上戰場。許多戰爭皆因募兵不足而打不成。由於募兵成軍，兵員便等於軍費，兩軍交接，發現己方兵力不足，打起來必敗，便主動割地或賠款求和，因此歐洲在十八世紀之前的戰爭，不像後來近代國家透過徵兵制發動的戰爭那樣慘烈。

下兵源短缺的有限度戰爭。更由於國家主義的推波助瀾，戰爭的規模急速擴大而動輒橫屍遍野。藉工業革命而壯大起來的資本主義，正劇烈的惡性發展，使失去生產工具的廣大勞工及其家人，一夜之間變得赤貧如洗，三餐不繼。階級的尖銳對立，把國際歌深沉的聲浪和著血淚送入雲霄。而反映著「人類一家」最高情操的西班牙保衛戰，竟然只換來理想的寂滅與獨裁者的獰笑。然後是幾乎毀滅人類文明自身的兩次世界大戰，鬼呼神號的韓戰與骨肉流離的越戰。究竟人是目的，亦或工具？

人與人的鬼魂在砲火與血光中惶惑的顫抖。

幾經浴火重生，人終於聽到人道主義自人類古老的心跳中傳來的空谷足音，但供人趺坐諦聽的石床，卻是人逐漸豐裕的社會，是現代社會的豐裕使人眞正聽到了那古老的足音。到二十世紀後期，人類社會的生產力，已經高度發達，人的個體開始擁有條件從傳統的經濟組織，從嚴密的社會組織之中游離出來。在物質的基礎上，個體似乎可以從集體的宰制下掙脫出來，重新面對人是目的亦或工具的課題。

從漫天飛揚的歷史塵埃中走出來，人終於看清楚本身原是自然的兒女，是自然孕育、自然賦予的生命。「人即目的」的基礎不必建立在先驗的理性、上帝或哲學。作爲自然萬物的成員，人要發展生命、充實生命，完成生命，便是生命個體的目的。對於人的個體來說，生命本身便是目的，即使爲利他利眾而自我犧牲，也應基於生命本身的內在信念與自我錘鍊，基於人完全的自由意志。對於人的每一個個體，他（她）本身便是目的，這樣的主張是天經地義，正如嬰兒出生原具吸吮的本能一樣，是先驗而無庸爭議的。

其實「人即目的」的主張，所以引起千年的爭議，它的背景是人類社會源遠流長的故事。

二、人的異化

人類自從被逐出伊甸園〈姑且套用這類的神話〉之後，開始萌生智慧，能夠分辨是非善惡，成爲獨立自主的人。於是便漂泊流離，備嘗艱辛。面對洪荒與乾旱，猛獸與疾病，人不只須要群居，而且須要經營社會組織，謀求安全與效率，以共同通過自然加諸人的試煉。但當社會不斷演化發展，組織即日趨嚴密。社會組織一方面提供人的安適與便利，另一方面權力則日益集中，人的個體便漸漸淪爲社會組織的工具。社會組織——如國家、宗教、種族、家族、地域、甚至生產系統與消費體制本身，漸漸凌駕於個人生活需要之上，而適應社會組織所形成的價值觀，又回來左右了人的意識與發展。

人類歷經原始、封建以迄近代社會，到康德之前，君權神權早已壟斷了多數人的心智，而在康德深入思考人是目的亦或工具的啓蒙時期，人類社會的生產力還不夠發達，歐洲社會剛處於工業革命的前夕，帝國主義正在形成，各國爲爭奪原料市場積極加強軍備。在腓特烈二世的禁令下，康德的聲音終於沉寂下來。此後黑格爾（Hegel）、馬克思（Karl Marx）、及自齊克果（Kierkegaard）以降的存在哲學家，相繼登上思想史的舞台。在他們身邊的人類社會，同時亦掀起空前的巨變。

黑格爾開始耕耘人異化（alienation）的概念，指出人的歷史，便是人本身異化的歷史。馬克思更認爲人在機器生產中，只是工具，人的人性（或說人類本質與創造力）要從機器生產的宰制中解放出來，回到他自身，亦即回歸於「人的自我實現」（弗洛姆[Erich Fromm]用語）。

而進入二十世紀，一系列「存在主義」哲學家的性靈，都在肯定人的存在，肯定存在先於本質。但毀滅性的戰爭、軍事擴張，與人物化異化的陰影，一直如影隨形的籠罩著人的良知。

如果說拯救人免於淪爲工具，肯定「人即目的」的天賦權利，會在二十世紀末露出希望的曙光，那麼那一道曙光卻來自馬克思曾經控訴過的資本主義生產制，歷經兩個世紀才累積起來的生產力。這是歷史辯證的諷刺。

一方面人爲了通過自然嚴酷的試煉，經營社會組織，叩詢自然內部的祕密，發展生產技術。可是胼手胝足努力設想的結果卻把人置於社會組織、生產機器與消費體制之下，使人淪爲集體意志、生產技術與商品的工具，使人從自身、以及從自身與世界不斷相互作用的創造活動中，異化出去。尤其近幾個世紀，人爲了獲取生活資源，提高生活條件，離鄉背井，歷經變故，最後竟沉淪於機器，消失於戰火之中。

另一方面，幾度滄桑，人的生產力提高了，人的財富充實了，自然對人的生存已不再構成威脅（反過來只有人須要擔心自己對自然過分的掠奪）。這時候，高度發展的生產力，則有利於消弭個體與集體的對立。

充沛的生產力使生活資源無虞匱乏，集體安全的威脅減少，同時經營經濟生活的基本細胞亦相應縮小，個體可以因而擁有較多的自由，而不與集體利益直接抵觸。而且伴隨生產力發展的則是，教育資源廣被，個人知識水準普遍提升，人能較精準的認識個體與集體間的權利義務。而大眾傳播的普及，國際交通的發達，又使得人的視野拓展。半個世紀以前，國家與國家之間因無知而產生的敵視，因隔閡逐漸消除而相對降低，集體的安全隨而增加。

這是個體從集體的牽制下得到解放的契機，也是落實「人即目的」這一素樸理想的偉大時刻。但歷史辯證性的諷刺一直環伺在人的左右。自然與社會演化的舞台，從來不是美麗童話的場景。熟透的蘋果從樹上掉下來，要落入我們懷裡的一刻，樹幹後面狼的眼睛正虎視眈眈。高度的生產力，並不是點金石，生活舒適，教育廣被，資訊便捷，知識普及，並不意味著人因此能自我解放，而回歸「人即目的」的主張。

三、生產力的神話

知識的本質是抽象化與普遍化。透過文明社會的知識，人固然可以從具體特殊的天地，迅即走入抽象普遍的世界。但抽象與普遍的世界處處佈滿觀念的陷阱。如果眾人汲取文明知識的方法，不再通由自身的分析摸索與嘗試錯誤，亦不融入前人開創知識的過程去參與知識的建構；如果眾人只依賴學校教育的知識灌輸與學習，不再回溯於自身的觀察與體驗，那麼抽象便吞噬了具體，普遍亦鏟平了特殊，所謂「本質」則掩蓋存在，人的面目模糊了，人本身遂異化爲觀念世界的工具。

猶如康德談理性時曾比喻眼睛無法看到眼睛本身的長相一樣，觀念世界亦無法由觀念本身去論斷觀念的眞僞。人很容易在不經體驗即接受大量知識的同時，反而異化爲知識的工具。尤其當統治階級藉大眾媒體不斷塑造觀念之時，接受體制教育越多的人，反而越容易人云亦云，流爲統治階級的工具，而從意識底層迷失了作爲目的本身的自我。

生產力發展到二十世紀末，人的社會已逐步邁進後現代時期，一方面資本主義的市場經濟，帶來多樣化的消費生活，另一方面跨國經營的超大規模企業，則使世界各地人的生活反而趨於單元化。順著商品與資訊無遠弗屆的深入山地離島，深入全球的每一個角落，世界各地原有的服飾、飲食、用具與建築都迅速在消失，人的城鎮街道與住屋慢慢都變成同一種格式，而幾乎每一個城市鄉鎮的人，每天都在螢光幕上觀看同樣的新聞報導，接受同樣的資訊。人的生活，品味、價值、創造力與志趣甚至意識本身，都逐漸在同質化。人究竟變成了消費體制的工具，抑或人本身仍然是目的？

這是生產力發達後，人又深陷其中的新困境。

人的歷史如是變動起伏，世界的辯證這樣迂迴轉折，人怎麼樣才能是一切的目的？人從神權君權的宰制中掙脫出來，又從人的本來面目異化為國家、戰爭、知識與經濟體制的工具。到底人有沒有本來面目？人的本來面目是什麼？如果人沒有本來面目，便沒有異化，也失落了人以自身為目的的意義。

自然的子女

四、自然的制約

人原是自然的子女，如果人有所謂本來面目，那麼人的本來面目，便暗藏於自然的母體。人既出於自然，便受自然的制約。

一個嬰兒呱呱墜地，不會在數夜之間，便長成翩翩少年，也不會在三個月五個月之內便開口說話。一個聰穎絕頂的小孩無法跨越算術代數，便了解微積分，猶如偉大的科學天才阿基米得無法跨越時代限制，提前在西元前第二世紀，發現了十七世紀牛頓在海邊所撿到的貝殼。同樣，就像古希臘張著清澈眼神的亞里斯多德，耕耘不出黑格爾辯證體系的大塊宇宙（the block of universe），一個沉思的少年亦無法超越他的生命體驗，提早洞悉黑格爾的世界。

這是自然加諸人的制約。但人無庸因爲自然的制約而沮喪。反過來，由於自然的制約，人必須緊貼著自然的門牆而艱苦經營。艱苦激發了人的智慧，凸顯了人的存在。自然也藉此才向人宣告了，生命無限的生機裡，躲藏著各種深邃的祕密。

—人究竟是怎麼樣長大的？

—人與生俱來的，究竟有著什麼特質與能力？

在繼續探究之前，須先指出我們所談論的自然，是素樸的自然。不是西方人格化的上帝，不是東方儒家的天，也不是黑格爾思想體系中的世界精神。當我們指出人是自然的子女，我們無意在暗示：人是上帝的子民，人從屬於上帝，是上帝的奴僕。正好相反，當我們談論人即目的之時，人不再俯吻上帝的腳。人便是目的。

同樣，人也不是黑格爾大塊宇宙中的片斷，這樣的念頭使一度推崇黑格爾的齊克果不寒而慄。在眾多頌揚或攻擊黑格爾體系的哲學家中，齊克果的批評最爲放達。齊克果說：黑格爾的理論規避了眞實，他可以成爲歷來思想中最偉大的人，現在他卻只有「可笑」。齊克果的眞實是把人放在絕對理念之上，他喜愛哥本哈根的街道及街道上的男女，遠甚於黑格爾的大塊宇宙。他強調人的特殊性應遠優於嚴密的哲學體系。這是存在哲學的濫觴，也是人本主義與存在哲學的交會點。

五、唯實與唯名

我們先拋開齊克果依人個別的特殊性，所散發出來的濃烈意味而界定的「眞實」，而從人認知事物的層面，去談論**眞實**。

車輪是人類偉大的發明，可是從柏拉圖（Plato, 428-427~348-347 B.C.）到安塞姆（Anselm 1033-1109 A.D.）都認定**車輪這東西不及圓形這觀念**來得「眞實」。歐洲經院哲學的一位代表人物安塞姆本於新柏拉圖主義，說宇宙間只有觀念是眞實的存在。其他一切個別的、具體的，可以被感知的事物只不過是其外表，是虛幻的。換句話說，桌子椅子書本這些東西是虛幻的，它們所共有的方形這觀念則遠爲眞實。這是安塞姆的唯實主義（realism）。唯實主義的立足點是柏拉圖的理想國，是基督教義宣稱爲**眞實存在**的上帝世界。從唯實主義的觀點而言，人的世界**不過是**上帝世界的複印本，複印本中的一切皆如虛如幻。人的世界中，一切污點、一切罪惡與不平都是暫時的現象。只有上帝的國度才是至善至美，才是永恆，才是「眞實」的。

車輪在大道上日夜奔馳，轉出了人的文明。可是柏拉圖十二年漂泊於小亞細亞、地中海岸幾千里路的浪跡，**並沒有**讓他看到人的現在、過去與未來。他主要的興趣仍停留在伊甸園裡的**圓規**與**直尺**。**車輪抽象爲圓，大道抽象爲尺線**。他的尺規作圖束縛了兩千年眾多數學崇尚者的心靈。當工匠毫無困難地化弧爲線，三等分任意角的時候，尺規作圖只成了上帝世界的遊戲。人的世界裡最深刻的難題是那些由特殊入手而致普遍的人類或宇宙的本質，而不是為普遍而普遍的上帝意旨。人是因世代不懈的努力，逐步解決無盡的難題，才凸顯了人本身的存在，才看到了普遍的本質。並非因讚頌上帝的理想國，無視於複印本上的污點，而能轉動起文明的巨輪。

反過來，**是人的現實世界裡抹不掉的污點在推動文明**。自古希臘的柏拉圖，中世紀的安塞姆，以迄文藝復興時的史帝佛（Stiefel，日耳曼數學家），都不能接受整數以外的數。他們認為只有整數是完美的，上帝的世界不容許有那些不完美的事物。不幸人生活的世界裡，就有許多活生生但並不完美的數。例如一年有多少天？不是三百六十五天整，連三百六十五又四分之一天這樣的分數都不是，四年一閏無法解決曆法上的問題。曆法是農業社會運作時序的依據，曆法的制訂則是古代君主對百姓的承諾。治世的君主總伴隨一部精確的曆法。比三百六十五又四分之一天多出來的那一點點時間固然是「污點」，這污點卻比任何完美的整數都**真實**。觀察天文，修訂曆法是古代人類所面臨最棘手的數學問題。正是這類所謂理想國複印本上的污點，**啟發**了內插法、窮盡法與代數法的發明，深化了古代數學的內容。在人類數學思想的搖籃邊，我們搜尋不到柏拉圖的尺規作圖與畢達哥拉斯的神秘數所留下的手跡。

安塞姆講的很決斷：越特殊越具體的事物越「不眞實」，越普遍越抽象的觀念則越「眞實」。安塞姆推行的中世紀教育分三階段：一、「澄慮」（purification）：即除去感覺所引起的印象。二、「啓明」（illumination）：即建立良善的內修習慣。三、「大成」（perfection）：即接近上帝。安塞姆中世紀教育的目的在使學生由「不眞實」進入「眞實」。但這樣的教育過程倘若以齊克果的詮釋，則恰好是顚倒過來：由眞實變得不眞實，齊克果是提升這種觀世之道來捨棄黑格爾的。

安塞姆並沒有容忍當時提出相反立論，主張唯名主義（normalism）的羅世林（Roscelin）。安塞姆指責羅世林企圖以理性與邏輯來破壞教義。公元一一〇六年羅世林以身殉道，唯名主義遂遭到壓制而沉寂。兩百年之後西方理性主義又從唯名主義的死灰中復出。這時人逐漸脫離了上帝世界的宰制。文藝復興掀起了人文主義。但在西方教育中，要到十八世紀啓蒙運動者，如盧梭、斐斯塔洛齊才從人的本來面目，拭去千年積塵，肯定並實踐**由感受特殊事物入手**的教育原理。

田園詩之外

六、自然主義

一七七四年，斐斯塔洛齊（Johann Henrich Pestallozzi）在他位於瑞士Neuhof的農莊中與學，收容五十名小乞丐，教他們讀寫算與做人的道理，訓練他們農事與製造乳酪的技術，他與妻子兩人爲此斥資而傾家蕩產，在農莊中與五十名孩童過著貧苦的生活。他自述道：

—我過得像乞丐，只為了要了解如何使乞丐過得像人。

如果說盧梭及巴士鐸是自然主義的倡導者，那麼斐斯塔洛齊，便是自然主義教育的實踐者，更是人道主義的化身。自然主義試圖在掙脫宗教與國家的控制，促使教育依循自然，回歸自然，強調人在自然制約中由感官知覺入手而逐漸擴展的發展順序。教育著力的焦點不再是柏拉圖與安塞姆的上帝世界，而是人的自身，人的現世生活。盧梭認爲大自然本身便是偉大的教本，人的目光應離開堆砌記憶的教會課本，移向周遭眞實的生活。教理問答式的記憶教育，應改以依循自然天性引導兒童潛能的啓發教育。

自然主義所揭示的不是單純的回歸自然，依循自然。事實上它是在擺脫人爲的干預，在

質疑君權與神權的宰制。自然主義孕育於十八世紀的啓蒙運動，而回溯於西方人道主義的傳統。

同時自然主義把人看作自然的成員，尊重自然所賦予個人成長的認知程序。宗教與國家教育的目的不可干擾這天賦的順序，把個人發展壓制在宗教與國家的組織意志之下。

就這種意涵來說，自然主義是等同於人本主義。但深入追究，人本主義的涵詠面卻超越自然主義。

在自然主義的觀點下，人從宗教與國家的社會組織中掙脫出來，被描繪成和諧安詳地**熟睡在自然懷抱中的嬰兒**，襯托著田園風景的人物。可是**人的歷史不是一首靜態的田園詩**。正好相反，自然之對待人不是永恆的母愛，不是滿溢著乳與蜜的溫鄉。人因偷吃智慧的禁果，被逐出伊甸園，面對的是自然嚴酷的試煉，由此發展出智慧，才突顯了人的存在。人本主義不是平靜無波的「天人合一」，不是夢幻童話中的「以人爲本」。**人本主義是動態而辯證的**，是包含著人探究自然，開創文明的整部披荊斬棘的珍貴歷程。如果人本主義只倡言崇尚個人，尊重個人，卻讓每一個個人都變成溫室裡安祥微笑的花朵，那麼花朵的笑靨頃刻之間便要僵凍，「人」頃刻之間便要消失，不再成其爲人。

七、辯證分析

皮亞傑（Jean Piaget, 1896-1980）對認知發展的研究深化了盧梭、巴士鐸的自然主義，把自然的制約與人智慧的發生，以辯證的觀點加以探討與刻劃。人不是靜態地嵌在自然的圖畫裡，也不是被動地接受自然的哺乳。人的智慧（intelligence）發展不是康德的先驗論，不是洛克的經驗論，也不是單純的由刺激導致反射（S→R）的聯結主義（associationism），而是同化（assimilation）與順應（accommodation）的辯證過程。皮亞傑指出現實世界的材料經過處理與改變，結合於人的認知結構（或稱之以圖式 scheme）之中，這便是「同化」。當外界的材料綿綿不斷地輸入，人須藉現有的認知圖式去同化它們，才能察覺出它們的意義。人的認知圖式同化了外來的刺激，便得到認知上暫時的平衡。假定認知圖式一時無法同化外在事物的刺激，原來的平衡失去了，人便調整自己原有的認知圖式或創設新的認知圖式去同化新的事物，這則爲「順應」。皮亞傑說過：

——智慧行為是依賴於同化與順應兩種機能，由最初不穩定的平衡，過渡到逐漸穩定的平衡。

這是典型動態發展的辯證法。繼弗洛伊德（Freud）和馬克思，皮亞傑將黑格爾的**唯心辯證法**，捨其唯心本質，結合他對眞實世界深入的考察，淋漓盡致地運用了辯證方法的利刃。弗洛伊德曾以此利刃刺入人的潛意識，建立起精神分析的理論與治療方法，企圖借助人理性的努力，變無意識爲有意識，以掙脫幻想的鎖鏈，主張**有本我之處，便有自我的存在**。馬克思則深入觀察社會，將黑格爾的辯證法溶入他的唯物史觀，希望人類從隸屬，異化與經濟奴役的鎖鏈中**解放出來**。

理性的懷疑主義是弗洛伊德、馬克思與皮亞傑共同的基礎，辯證法則成爲理性懷疑主義者進行批判社會既存價值的利器。皮亞傑理論的精神不只在於一般心理學教本上所記錄的心理發展四大階段：感覺動作、前操作、具體操作及形式操作等**認知程序**的發現。正如宗教與科學相互消長的過程一樣，皮亞傑撇開上智下愚是否天生的爭論，對人的認知發展作了精闢的研究，因而無聲無息的闡揚了人本主義。伽利略與達爾文曾經避開「上帝是否存在」這無休止的爭論，轉而探究天體運動的規律與生物演化的證據。幾個世紀之後，有神無神已不再是知識界關心的議題。同樣，皮亞傑的工作，亦開啓了人心智發展的研究，有助於釐清「人的優劣是否天生」，消除階級種族的偏見。皮亞傑認知發展的理論，面對眞實的人，拋開傳統預設立場的包袱，針對每一個個人之所賴以爲人的智慧，展開科學辯證的分析。不論其關注的對象，方法或研究結果如何，皮亞傑的研究所揭示的意義，都帶有人本主義的色彩。

八、認知發展

人智慧的發生與外在世界之間的互動關係是皮亞傑的主要著眼點。而他關於同化與順應的辯證過程所做的研究則指出，人的智慧發展既不是外在的事物單向的輸入亦不是先驗的存在。

康德曾在其名著《純粹理性批判》中指出人對空間與時間的認知是與生俱有的。皮亞傑則指出人初生時並不存在整體協合的空間位置或時間次序，例如嬰兒對空間的認識是以自身的感覺（如口部的、觸覺的、視覺的、聽覺的、或姿態的）去摸索拼湊世界的圖像，透過挪動物件，慢慢產生位移的觀念，由近而遠，由具體而抽象，直到對空間永久客體的圖式在心中形成並且定影。而在空間概念形成的過程中，時間因素是摻合於位移的動作中，一併被認識的。也就是說人一開始認識的空間並不是靜態的，它是與時間一起，在實物的推移中，被逐步組織到人的認知圖式之中。

以空間的認知過程爲例，說明皮亞傑研究所顯示的幾項意義：皮亞傑的基本論點反對康德唯心的先驗論，而主張空間觀念是透過知覺與動作，辯證地形成，不是天生就放置在人的腦子裡。同時他的研究又顯示，在次序上，人不是先認識《歐幾里德原本》（The Elements）所描述的空間中單純的「點」，然後再認識較複雜的「位移」。相反的，人先認識較複雜的「位移」或「位移群」（group of displacements），再認識較單純的「點」或點組成的「空間」。更有趣的是人最先認識的位移是已摻和時間的因素，而不是較單純的「向量」。

這就是說明了人在辨認的層次上，是從複雜的眞實入手，也就是兒童雖非先驗地秉賦外在世界的結構，但對於豐富複雜、形形色色的具體現象，反而比經過人爲處理後的抽象、機械而明晰的觀念，更容易掌握。人的這項能力正是人原始的創造特質。可是人從自然進入文明，進入社會組織規劃下的教育體制，這項創造特質便逐日萎縮，以致消失。[1]

在教育實踐中，皮亞傑所指出同化與順應的辯證過程，其實比他所提出的四個階段，更富啓示性的意義。

兒童的認知結構不是存貨的倉庫，他須將外在世界輸入的材料加以處理與改變，才能接納於他的認知圖式中，予以同化。況且輸入的過程不是單純的攝影，而是主動的去**干擾外在的客體**（例如挪動物體）以產生位移的概念，而遇到他原有認知圖式無法接納的外來刺激（例如他須要繞到櫥櫃的背後去撿球時），則反過來改變自己的圖式（例如將位移群變成空間），以順應外來事物。所以人認識世界須把他內心的認知圖式作不斷的同化與順應。人認知圖式的發展就像酒罈裡葡萄的發酵一樣，每一分每一秒，罈裡都在變化，外在世界的種種對小孩都是刺激，小孩須要自己去吸收，去組織，去加以同化。必要時還要改變自己原有的認知圖式去順應，這一切都要他自己來主導。整個同化與順應的過程皆依循：**由知覺而理性，由**

具體而抽象，由特殊而普遍，由近而遠，由現在而過去而未來。

相應地，在知識教育實踐上，認知發展的理論便引申出如下的原則：講地理，從小孩生長的街道村里，縣市以至省國。講歷史，經常以今證古，以古說今。講數學，由問題分析而推理演繹，由具體而抽象。而教語文，以具體情境去揣摩語音串（sound sequence）的意涵。

比較是知識的基礎，也是同化的手段。深入掌握特例，以特例爲「比較的基準」，擴展至一般，學得的知識才能廣闊而深遠。例如要在腦中形成對地表里程大小的整合圖式：一個喜歡玩地球儀的小孩，或許會取地球半徑約六千公里作爲理解距離的比較基準，當他讀到尼羅河長爲六千六百四十八公里，他會把尼羅河長與地球半徑相比，知略長於地球半徑。更進一步的同化是試想：將尼羅河沿赤道拉緊，因地球半徑約六千公里，赤道長爲地球半徑的 2π 倍，即約三萬八千公里左右，那麼尼羅河長約爲地球一週的六分之一長還多一點。又一個住

【1】有關人原始創造特質，將在下文細述。

在台灣熟悉台灣地理的小孩，也許會取台灣島長五百公里作爲比較基準，而當氣象台報告颱風中心在台灣東方約兩百公里時，他會把台灣島長五百公里拿來相比，對於颱風大體還有多遠，心中便有了概念，不然兩百公里是個死的數字，如果進一步他聽到颱風中心的時速及進行方向，那麼他對颱風來臨的動向，會有更清楚的估計。

比較基準的選取，是屬於個人的。每個人因自己的環境、經驗、興趣、著眼點的不同會使用不同的比較基準。比較基準若由教師或他人來提供，則失去了生氣，**失去它的同化力**，反而增加學生的負擔。在前例中有人以台灣島長及地球半徑作爲不同階秩（order）的里程比較基準。另一個人，則可能喜歡選取台灣至大陸最近距離一百五十公里及中國全境直線距離最長爲五千公里作爲比較基準。比較基準的選取依賴個人的經驗與偏好，別人是不能越俎代庖的。

兒童的比喻，其實也反應了他們用舊經驗來比較新事物的學習方式。幾十年前，鄉村的小孩初次看到飛機會大叫：「哇！好大的蜻蜓！」[2]因爲蜻蜓是他原有經驗中親近而有感情的小動物。今天都市的小孩從小看現代戰爭的圖書影片，飛機反而是他耳熟能詳的東西。當他去到鄉間，初次看到一群蜻蜓飛在天上，他則大叫：「啊！好多的飛機！」不同的兩種兒童的驚喊，所顯示的意義無非是人已遠離自然的母體，但在認知發展上則清楚說明比較的基準是蜻蜓還是飛機，原依賴於人本身的經驗，無法假手於他人。

同化與順應的辯證發展須要人主動去嘗試，去變造自然原有的秩序，然後再透過比較與整合的同化手段，編織於人原有的認知圖式中，甚至調整或創立新的認知圖式，使人的心智一步步發達起來。

另一方面密集的，有一定進度的，統一而強迫性的檢測（例如學校考試），會干擾人內在結構的同化與順應的辯證發展，就如同時常拆封罈蓋，掀開罈蓋，要檢定釀酒的進度，會使酒的醞釀停頓一樣。一個學生長年接受密集考試，成績表現優異的，並不表示他心智發展

【2】本書原句爲「飛機像蜻蜓，飛在天空中！」經兒童文學工作者林眞美指出語句不像小孩言語，本書作者從善如流依其建議修改。

一定良好。相反地，很多情況下只說明了他的內在世界不過是一張未經同化便不斷被迫去順應，而剪貼起來的、七拼八湊的認知圖式。這樣的一張認知圖式無能再去同化新的事物，洞燭新的世界。換句話說，通過無數次長期而密集的篩檢成功的一個個號稱「精英」的心智，竟是無法從事獨立思考的一張張平版印刷。

鳥與飛機

九、原始的創造特質

認知發展的理論應該備受肯定。但我們要加以肯定的是：它對於人如何發展出掌握文明的能力，有深層的探討。可是認知發展的理論發展到今日，我們看不到：它對於人另一種源於自然的原始創造特質，作了什麼研究或有什麼成就。人雖然不是一生下來就稟賦康德所說的客觀世界的先驗結構，卻與生俱來的擁有另一種源於自然的原始創造特質。是這種特質中的辨認特徵與無邊好奇，使人生下來，到三、四歲便能說出一口精準的母語；並且在短短十一、二年間便由不如螞蟻蚯蚓的智力水準，發展到皮亞傑所述能開始形式運思的前青年期，而爲適應文明，傳承文明，做好了準備。

是這種特質中的生之勇氣（courage to be）使人在成長中無畏無休地干擾外在事物，去揭開自然的面紗，使外在世界的祕密一層層地同化於人的認知圖式之中，溶合於人的知識，人的文明之中，發達了人類偉大的文明。

是這種特質中的寬容無邪，不存偏見，使人類愛得以在一些未受現實利害蒙蔽的時刻，藉自由樸實，未受過分污染的心靈闡揚開來，使人道理想每在人類社會組織轉趨嚴酷，帶來人深重苦難之時，發出連淚帶血，震撼大地的吶喊。血淚的吶喊或被統治者嚴酷的組織消音，或被歷史無情的風雨沖洗殆盡，卻在另一塊土壤為另一個世代埋下了種子。

但這種源於自然的原始特質是價值中立的，無關乎性善性惡，沒有神魔聖暴之分。這種特質是人類這一物種經進化得來的稟賦，是人認知發展更根本的基礎，事實上也正是人由極其脆弱的幼體，在短短十數年間學會適應自然，適應文明所不能不有的特質。

這種原始的人類特質，是人學習母語的基礎能力，是人認識世界的憑依。但當人開始發覺自己已能適應環境時，這種原始特質很快便在衰退。皮亞傑認知發展的理論，只描述人適應文明的能力。可是當人適應文明的能力提高的同時，上述源於自然的原始特質卻急速在退化。

而重要的是，當人長大，掌握已知的文明，要進一步由已知開拓未知，從事創造活動時，這種人類原始的創造特質又扮演起舉足輕重的角色。可惜絕大部分的人，早因適應環境，受文明制約，而喪失了早年曾流在自己血液中的無邊好奇，無限勇氣與無偏見的這些原始創造特質。

十、辨認特徵

皮亞傑認知發展的理論，探討的主要是人的論理與描述設計的能力，也就是人適應或傳承文明的能力。這種能力（以下簡稱爲文明能力）須經十數年循序發展而得，我們不能高估小孩，太早引入小孩的文明能力尚無法理解的事物，強制他學習。

另一方面，我們也**不能太低估**小孩。小孩稟賦一種自紛雜的表面事務中，辨認特徵的能力。兩、三歲以前呈現於辨認母親及周遭一切，從而呈現於學習語言的能力中；兩、三歲之後更表露於對動植物，對日常生活中各種形體、聲音及神態的敏感。

前文談過**比較是知識的起點**，但比較的基礎則在於**抓取特徵**，**分辨異同**。圓形與方形相同之處在於兩者均爲封閉的線圍成，而它們之間的差異則爲方形有四個頂點，圓形卻無。兩歲的小孩固然說不出這些特徵上的異同，但在拼圖遊戲中他一眼便看出如何歸類。他很容易看出圓形與方形的差異，只是他無法以比較精確的語言描述。

皮亞傑的理論**局限**於文明或描述能力的範疇，導致若干錯誤。他主張兒童最早的空間知覺是拓撲學的（topological）[1][2]，在《心理學與認識論》一書中皮亞傑說[3]：

——如果我們分別考慮「知覺／感知」的空間（它在嬰兒出生後幾個月就已經成形）與

---

[1] 感謝台大心理系張欣戊教授於本文定稿之前，曾與作者討論皮亞傑的這項論斷。

[2] 拓撲（topology）是數學概念，面對圖形（或一般幾何形體），如果刻意忘記其上兩點間的長度，兩線間的角度與隨意一塊區域的面積（或體積）等，甚至忘記共線四點間的交比（cross ratio），只關心圖形上點的收斂性（convergence），或粗略地說只關心它的黏性，那麼這圖形便成了拓撲圖形。作爲拓撲圖形來說，方形與圓形代表同一種拓撲圖形，再舉個例子說，我們看阿拉伯數字的圖形本身：1、2、3、5、7都屬同一拓撲圖形，因爲他們皆可拉直成一個直線段，長度角度改變了，但黏性沒有改變，換句話說沒有原來不黏在一起的點被黏在一起，也沒有原來黏在一起的點被撕裂。可是1、2、3、5、7這些數字所代表的拓撲圖形與4、6、9、10不同。6與9代表同一拓撲圖形，但1如果要變成6，則須將1的尾點黏合於腰部某點。這就破壞了黏性。爲了讓一般人在用辭上明白拓撲學，有人稱它是「橡皮幾何學」。

[3] 皮亞傑著《心理學與認識論》，中譯本譯者黃道，結構群出版社。

「概念／運算」的空間，我們就會發現在這兩個領域裡有同樣的發展原則：最初是鄰近、連結、封閉和邊界等拓撲關係，佔著支配地位，此後我們才觀察到歐幾里德尺度幾何（Euclidean metric geometry）與投影幾何（projective geometry），同時而相互協調地建構起來，最後投影幾何的觀點才又與尺度幾何、拓撲學等的觀點，取得協調（compatilility）。

例如方形與圓形都用封閉的線圍成，皮亞傑認爲，對於四歲以前的兒童，方形與圓形是同樣的圖形，等到滿七、八歲之後，隨著拓撲學的知覺發展，兒童才逐漸形成投影的與歐幾里德尺度的知覺[4]。

這種主張顯然是錯誤的，早在嬰兒時期人便能準確辨認母親的臉孔。但母親的臉孔與其他女人（甚至其他動物）的臉孔，在拓撲上原本是等同的（如同2與5這兩個數字），何以他能如此清楚的分辨？兩歲左右的小孩能準確地在拼圖遊戲中把形狀相當複雜的紙板，依其形狀塞入相應的凹槽之中，這難道不足說明小孩老早已有尺度的知覺？

皮亞傑的錯誤來自描述能力與辨認能力的混淆，亦即文明能力與自然能力的混淆。在描述的層次上，人固然是先由拓撲，再投影，最後才進入豐富複雜的尺度幾何（metric geometry）。可是在辨認的層次上，人卻是反過來，先認識尺度幾何，再逐次意識到投影幾何及拓撲。

事實上人的歷史發展也在印證這點。不論哪一個民族早期的幾何都是尺度幾何，人所面對的複雜但豐富的世界自始便是尺度（即長度角度）概念所決定的世界，而不是結構簡單的拓撲世界（只殘留極限或鄰近的概念）。隨著文明的發展，人一步步的將周遭的世界分離出不同層次的結構，一一加以剝離，最後才出現拓撲世界（再進一步，便是單純的集合論）。這種逐層剝離的抽象過程爲的是要更清晰地洞察原來複雜而豐富的尺度世界。有了這番抽象，人便可以反過來改從最簡單的拓撲世界出發，通過演繹與推理，逐步探討投影，仿射（affine）

【4】Piaget and Inhelder, *Child's Concept of Space*（1948）。或參見《皮亞傑兒童心理學》一九六九年，吳福元譯，唐山出版社。

以迄帶著尺度的現實世界。

人類學家霍佛（Bobriz Hoffer）曾談到澳洲某個叫 Acipones 部落的族人，指出部落族人雖不知如何計算數目，卻有特殊的辨認能力。族人訓練五十二條獵狗，清晨外出打獵，翻身上馬，回頭目光一掃，便知五十二條獵狗是否全在。族人連簡單的一二三四都不會計數，卻能一一辨認五十二條狗的形貌。這種高度的辨認能力固然亦輔以族人對每條狗的熟稔與親近，猶如姊妹兄弟眾多的家庭，其中的成員通常不必計數，便知是否全家人都在。但無論如何，未經文明洗禮，而在大自然中成長的部落族人，沒有文明的干擾，反容易保有，甚至繼續發展，童稚時期天賦的高度辨認能力。

一個簡單的實驗可以證實兒童高度的辨認能力。將蘋果與梨子兩種葉形相似的葉子各五片，一一展示並告訴兒童與成人：這十片葉子分別屬於蘋果還是梨子。然後收下這堆葉子，出示第十一片葉子（仍爲蘋果或梨子的葉子），問他們這是什麼葉子？兒童答對得機會會比成人大得多，其差異相當顯著。

與人類文明進化的歷程相仿，像原始部落的族人一樣，對於自然世界紛陳多姿而具體的事物，兒童生來善於抓取特徵，辨認異同。而當人類文明漸次形成，人的社會組織開始邁入「以數目管理」之時，人描述設計與推理的能力也相應逐步發達。兒童到五、六歲之後，漸漸發展出掌握文明的能力，開始一步步學會精確描述事務的語言。在繪畫或概念上，從不辨方圓的拓撲世界逐步進入投影及尺度的世界，把事務特徵從辨認的自然層次，轉化到精確描述，甚至全新設計的文明層次。

可是文明畢竟代替不了自然。飛機是文明的產物，是自古以來人類自由飛翔的夢想，經文明取樣於鳥，苦心孤詣描述設計出來的偉大作品。但一百架同一機種的飛機陳列機場，形體一模一樣，分辨不出彼此，而大自然千萬隻鳥中隨時飛來一對，停棲枝頭，卻各有所異。換句話說，辨認鳥的變數無窮，設計飛機的變數有限。

文明的本質在於精確控制這有限多個變數，而自然蘊涵的卻是無窮多個變數，亦即是無窮多維（dimensions），無限變化的世界。人孕育於自然，賦有的是辨認自然的能力，猶如嬰兒之能辨認母親的容顏。文明教育引領兒童進入文明社會時，經常忽略小孩原有辨認與感受無窮多個變數的稟賦，只教導他文明的知識與精確的語言，要他一步步學會並掌握文明所控制的這有限多個變數，要他設計飛機，卻任他忘卻馱負多少世紀人類夢想的白鳥青雁正翱翔於天際。

語言的迷思

我們已經開始探討人原始的創造特質。人孕育於自然，天生的創造特質，多少可從人在自然中演化的歷史來解讀。地球上的生物經過長年的演化，於一百多萬年前的更新世早期，在非、亞、歐三洲大陸出現了**直立人**（Homo erectus），他們知道用火，製造石器與骨角器具，能夠運用策略捕殺巨象於沼澤之中，更重要的是他們也可能已開始使用簡單的語言，以指示實物與位置，（正如兩歲以前的幼兒）[1]。而約在四萬年前的更新世晚期，酷冷的玉木（Würm）冰河初期過後，大地回暖，現代人類終於演化出來。當智人・智人亞種（Homo sapiens sapiens或簡稱現代智人），在自然中誕生之時，完全的人類語言亦已相伴成形。

智慧（intelligence）是人有別於其他生物的標記，而語言則爲智慧起源的特徵[2]。現代智人經長年的演化，發展出語言，或許不足爲奇，但將物種發生的演化史凝縮於個體發生的過程，卻不能不問：

—嬰兒降生人世，不逾四歲，如何說起話，開口與他人交談？

越仔細探討語言，越會發覺語言結構的深奧與其運用的變化萬端，人的幼兒如何在初懂人事，智力未開之時，便學會使用如此複雜無比的語言？

我們要將幼兒令人驚異的語言稟賦，印證前述辨認特徵的自然能力，進一步指出它們與創造力的關連。這是自然授予人的原始創造特質之一。可惜人在逐步適應文明時，這種原始的創造特質卻同步在退化。

十一、人類語言的普同設計

【1】蘭卡斯特（Lancaster,1968）研究幼兒語言能力，推測幼兒的語言發展與人科動物的語言演化有類比的現象，即個體發生（ontogeny）可能爲物種發生（phylogeny）的一種反映。

【2】本世紀初所流行「以使用工具作爲人科動物特徵」的說法，曾經被「使用有語法的語言爲人科的特徵」所取代。黑猩猩亦會使用工具，故使用工具已不能界定人。而發展語言須藉腦力的大幅增進與大腦新皮質的形成。自然界中只有人科動物具有這種發展語言的條件。但是「使用語言確爲人科動物的特徵」這種說法到最近又受到質疑。一個諷刺性的說法是：人爲唯一對本物種的起源永遠好奇在探索的物種。

我們早先已談到皮亞傑對智慧發展的研究，指出人描述世界的能力須經多年一步步循序學習，他著名的守恆實驗說明了兒童要到十一、二歲才能確知：水的容量不因裝到不同形狀的玻璃瓶而有所不同[3]，換句話說兒童文明能力的發展，遠比一般人想像的來得遲緩，我們不能太高估兒童，苛求兒童接受抽象水平偏高的教材。

可是另一方面我們又不能低估兒童，兒童稟賦的是人在自然中經漫漫歲月，千錘百鍊，演化得來的珍貴特質，前面所談辨認事物特徵的自然能力便屬其一。在「描述世界」的文明能力方面，固然依皮亞傑所說，小孩隨著他與實際世界的不斷互動逐日成熟，可是在「辨認特徵」的自然能力上，小孩卻因年歲增長而迅速退化。

忽視自然能力如辨認特徵的稟賦，是皮亞傑認知理論的缺陷，也是導致它後來受到喬姆斯基（N.Chomsky,1928－，或譯成杭士基）等變形語言（transformational linguistics）學派強烈質疑的背景原因。

喬氏在一九五七年出版的「句法結構（syntactic structure）」中，對語言學提出革命性的見解，將語言學的研究指向語言的句法變形律（transformation rules）及其**深層結構**（deep structures）。喬氏將一套語言中所有的**語音串**（sound sequence）視爲集合A，而試圖與由意義（meanings）組成的集合B建立明確的**對應關係**，在數學用語上稱爲**語言函數**。語音串的編組裁輯[4]亦在此對應關係中有系統的呈現，而對應到完整的新意義。這種編組裁輯在對應

【3】參見皮亞傑《兒童心理學》。

【4】例如：「男孩因爲跟他在洗衣店遇到的老太太聊天，所以回家太晚而挨了罵」是由下列五個詞句加以編組裁輯而成：

(1) 男孩跟一位女士聊天
(2) 這位女士是個老太太
(3) 男孩在洗衣店遇到這位老太太
(4) 男孩回家太晚
(5)（有人）責罵男孩

此例源於R.Keesing著《當代文化人類學》第九章。

關係上的操作規則，便是變形律。以這樣抽象的觀點來看語言，可以察覺到在語言的外貌下掩藏著一套語言符碼的理論，及其關係於符碼與意義的深層結構。而比較各民族語言的符碼理論及其深層結構，更發現各套語言有普同的設計（universal device）。

在認知發展上，喬氏認爲人天生的語言能力是特化的，與其它認知能力，學習能力的發展不同。他相信小孩的大腦在遺傳上已安排好普同的語言結構。只有這樣才能解釋何以幼兒在三歲左右，便學會使用深奧無比的人類語言。

這種觀點受到人類學家基辛（R. Keesing）的支持，至少基辛同意喬氏的觀點不致違背生物演化的事實。基辛指出：

> —其它動物的溝通信號，雖然亦須經學習，但都是遺傳上已詳細安排好。演化確實足以衍生出物種特有的溝通方式，人科動物可能也演化出人類的語法結構，預先貯存於大腦新皮質。

可是遺傳預設世界景象的程式，卻不被皮亞傑認知理論所接受，皮亞傑認爲一個極端複雜的體系（在此指語言體系），可以由簡單的組織規則，反覆運作發展出來，人天生的遺傳設計不必包含複雜的世界景象，只需具備依序認知世界的機制（mechanism）。一粒橡樹的種子並未包含整棵橡樹的設計，它具備的只是在起碼的環境中，有了重力，光合作用等來自外在世界的塑造條件後，便可以長成一棵橡樹所必需的資訊。喬氏普同的語法結構，對於皮亞傑等的認知心理學家是複雜到不能列爲先天遺傳程式的超大體系。

喬姆斯基與皮亞傑，誰對誰錯？揭開小孩秉賦高度語言能力之謎，對語言學固然重要，對人類學意義也大，因爲借助語言學習機制的了解，可以探求人「文化習得」的過程，分界人的生物性與文化性，而在教育層面上，亦有不言而喻的作用。我們試圖在下文中，逐步提出解決這樁世紀之謎的線索。

十二、喬姆斯基

語意學的分析研究，從弗來格（Frege），羅素（B. Russel）到拉格夫（Lakoff）及喬姆斯基等人，不斷指出語意指涉（denotation）的曖昧詭譎，使語言結構無法明確界定。喬氏著名的例子（以英文爲例）：

John was eaten by cannibals.

John was drunk by midnight.

說明兩語句的表面結構（surface structures）一模一樣，但其內在結構則迴然不同。又例如：

Time flies like an arrow.

Fruit flies like bananas.

亦然。但人聽到這樣的話語，並不會被其表面結構蒙蔽而搞混意思，因此人之解讀語言不只依靠表面句法。由此喬姆斯基導出：潛藏於表面的語言句法之下尚有另一深層結構，這就深化了人的語言本領。同時也使小孩如何學得語言的秉賦，變得更深不可測。

事實上，小孩學習語言**還是依憑**其辨認特徵的高度能力。我們進一步釐清辨認特徵的意義，並主張：辨認特徵的能力**原來涵蓋了**學習語言的秉賦。

所謂辨認特徵，是指看到或抓到了**物之其然**，但不一定能夠描述出來。小孩能分辨桌子與椅子，桌子有方有圓，椅子亦形狀各異，有些桌子不見得高於椅子，有些椅子不見得小於桌子，但三歲小孩幾乎沒有困難地分辨桌椅，雖然他要年歲稍長才能在功用上說出兩者的差異。

以精確語言描述特徵，是文明發展的產物。但辨認特徵則是人自然天生的秉賦。五、六歲的小孩能分辨「行進」、「進行」與「進步」的細微差異，而且正確使用它們，是因他看得到這三個語詞適用條件的特徵，但他無法精確描述這些特徵。

小孩學習語言，依賴於他在具體情境中，具有敏銳抓取事物或語句之整體特徵的能力。每次周邊的大人出聲說話，他便把說話的語音與當時發生的情境聯繫起來。比如說「媽媽來了」、「媽媽餵你」、「媽媽抱你」等重複多次之後，「媽媽」便等同於眼前這情境中如此親密的人。同樣「坐椅子」、「媽媽把你抱到椅子上」、「這是你的椅子」、「那是姊姊的椅子」等多次重複的語言發生在他耳際，他便也開始從情境裡直接了解椅子的指義。

然後「媽媽來了」「牛奶來了，小乖吃」「小鳥來了」「哥哥就來」「啊！來了，來了」這類聲音配合當時的情境，「來」的意義也逐漸明朗。

連句型的主詞（如媽媽、小乖、哥哥、小鳥等），加上語句的動詞（如來、抱、吃等），所構成的組合語法，也是這樣直接與語句發生時的具體情境聯繫起來，抓取語詞或語法的特徵，對小孩來說，是整體的，是套裝的（package-like），而不是組合的（combinational）。如果是整體而套裝的歸納，便不必藉用喬姆斯基的變形律，也無句法表面結構與深層結構的區分。喬氏是因爲先把語句拆解爲語詞，再以句法加以組合，才出現像前述兩個例子中（如媽媽、……等），句法極其類似，但內在結構迥然不同的現象。如果我們認識小孩語言學習的機制，**不是分析與組合**，**而是整體與取代**，那麼我們便導不出喬氏所謂句法的深層結構，也不必把它硬說成預存於人天生大腦皮質中的遺傳程式。小孩藉抓取特徵的能力，**作整體的歸納**，藉不斷**嘗試錯誤**的勇氣，作取代與修正，來學得語言。小孩是從重複中看出模式整體的特徵，就像他辨認相思樹一樣，把**樹當作整體**來看，抓取**整體的特徵**，使他遠看就能辨認那是相思樹。同樣當他從媽媽來、哥哥坐、小鳥飛等，他便開始嘗試妹妹哭、狗狗睡。

觀察歸納甚至嘗試的過程一直與實際世界緊密結合，小孩的敏感與勇於嘗試，使他很快便從外在的情境、大人的回應中修正自己的錯誤。喬姆斯基整套的變形律當然比前述的組合複雜得多，但再複雜的事物小孩都靠其辨認整體特徵的能力學習甚至加以運用。進一步語法的編組裁輯，固然規則無數且諸多變化，但小孩不去找尋規則，他只做整句的（as a package）觀察歸納，辨認出其適用的特徵，他不描述其特徵，不抽象出規則，不建立語法（grammar）。

即使是深奧曖昧如前述喬氏著名的英文語句，也不必訴諸神秘的深層結構，喬氏在建立其普同理論時，將語言函數**定義**在純粹由語音串所構成的集合A上，使出現的歧義無法納入其理論系統，使他只好把溢出其理論系統之外的複雜性歸之於深層結構。設若**改將**語言函數的定義域，**修正爲兼含其他詞性或其他性質**（如時、地、物或人等）的語音串集合，則種種語意學上的歧義與詭論，皆可納入修正系統之中[5]。我們只要分析小孩高度發達的辨認整體

【5】如果將集合A修改成：

$$A = \{(a_\alpha, P_\alpha) \mid \alpha \in I\}$$

其中a_α爲語音串，I是號碼集，P_α則爲a_α的詞類或其他屬性，則喬姆斯基的語言分析，便不致導出許多令人不解的詭論（puzzles）。

特徵的能力如何運作，便可以解釋小孩如何掌握語言，而揭開了人類幼兒學習語言之謎。

十三、文明也老

從自然發展出高度辨認特徵的能力，並累積而質變爲抽象能力，使人在面對嚴酷的生存試煉，能自千萬物種中脫穎而出。伴隨著辨認事務特徵的能力日益精緻，人有了語言，有了智慧，開始創造文明。從複雜的事物中辨認特徵，是人在自然演化過程中發展出來的能力，而這能力又回過來開啓文明，創造文明。所以說辨認特徵是人創造力的基礎。高度發達的特徵辨認能力，**在日常生活的表現是穎悟的敏感，在文學藝術甚至科學的創造活動中，則爲犀利的直觀**。

辨認特徵的能力是人天生的稟賦。赤子降生，世界對他是一片陌生，**陌生使他極度敏感**，使他天賦辨認特徵的能力發揮無遺。兩三年之內他熟悉了母親及周邊的事物，同時也掌握了語言。他一步步走向文明，適應文明。當世間對他不再是陌生，生存對他不再是威脅。他犀利的敏感在消退，他開始視而不見，聽而不聞，原始辨認特徵的自然能力亦迅速萎縮。取代的是另一種描述性的文明能力，他可以用精確的語言描述事物，可以開始用抽象的符號運思，但是他的世界並沒有擴大，只是場景更換罷了。他從無窮多維的自然世界走入有限多個變數的文明世界。他接近前者的方式是辨認，對後者則爲描述。他走入了有限多維的皮亞傑軌道。他開始學會「形式運思」的同時，卻無法再一眼辨認蘋果與梨子的葉片，迅速分清玉米與高粱，青蛙與蛤蟆。

可是等到他熟悉了文明已知的成果，走到文明的盡頭，開始要爲已知文明拓荒，探索人類未知的事物，這時他便彷彿再置身於他的人類祖先所處的蠻荒世界，要開創文明。但遠古祖先的手斧已經腐銹，辨認特徵的自然能力早已衰退，他只有頹然而返，回到文明早已精耕的田園，徘徊踱步，在已知文明的疆域裡流連終生。

而文明也因而老去，這又是自然與文明間的另一個歷史的諷刺？

童稚世界無限

前此我們開始探討兒童異於大人的秉賦，例如語言能力。一般浮面的說法是：這種種秉賦皆因兒童有特佳的記憶。事實上兒童所擁有的能力與特質，遠超過記憶所能解釋的範疇。兒童天賦有辨認複雜事物之特徵的高度能力，這種透視世界的能力是**整體性的與洞察性的**，而不是分析性與描述性的。是這種能力使小孩一眼看到事物整體的特徵，從而保有優於大人的直觀與敏感。

由於這種辨認特徵的能力，直接來諸自然，來之於人類物種在自然中的演化，也反映了自然千姿萬態的面貌，我們稱它爲一種**自然能力**，以別於皮亞傑所研究的：由具體而抽象的文明能力。文明能力是小孩走入文明社會逐步發展出來的分析性與描述性的能力。

十四、語言學習

以語言的學習爲例，人長大之後學習母語之外的語言，通常（其實也是最拙劣的語言學習方式）先學一些名詞，一些動詞及一些其他詞類的字彙，然後透過語法及句型加以組合。譬如「牧童坐在牛背上」，是將「牧童、牛背、坐、在、上」等原本分開學來的不相干的字彙，依語法及句型（包含慣例）組合成語句，這是分析性的。但小孩學習母語卻整句整句的學，辨認使用整句之情境特徵，然後再以所需字彙逐字取代，加上不斷察顏觀色，不斷嘗試與修正，最後說出一口道地的母語。

喬姆斯基注意到語言的字彙語法之下，尚有深層結構。兩三歲的幼兒如何學得語法？如何掌握語法之下的深層結構？如果說兒童的母語學習是分析性的學習，那麼皮亞傑的認知程序將如何解釋？由於不能明白兒童學習母語的機制，喬氏乃將兒童的語言能力歸諸特化的人類物種遺傳。

細心分辨文明能力與自然能力，**有助於解決喬氏**的困惑。皮亞傑所描述的認知程序屬文明能力的發展，而喬姆斯基所迷惑的語言學習，則為自然能力的延伸。換句話說，兒童的母語學習是整體性的，**他們令人驚歎的語言學習能力，實質上是辨認整體特徵的表現**。我們把前述兒童整體性學習的過程再加以舉例說明：

即使像「……在……之上」這等高度**抽象**的概念，兒童都是透過具體情境，經抓取整體特徵，經歸納與取代而得，而不是運用皮亞傑所說的抽象能力。當兒童聽到「花落在姊姊頭上」，「阿媽摔在地板上」，「飯粒掉在桌上」等的話之後，他觀察到[1]使用這些語句的共同特徵是，一件實物通過一個動作，加諸另一件實物上面。但是他不會以這樣精確的言語，描述出這些情境的特徵。他**只會分辨**某一事件發生時合不合於這情境的特徵，這種辨認與描述之分，猶如一個人可以一眼便看出這樹是不是榕樹，但無法精確描述榕樹的特徵一樣。

然後兒童開始以**取代**來運用語句，例如把「花落在姊姊頭上」換成「球落在爸爸身上」，視新情境的發生，以球取代花，以爸爸取代姊姊，並觀察大人的反應，自己是不是弄錯了？而不斷作嘗試與修正。

我們曾觀察到這樣的實例：

（一）媽媽出門，小女孩問「媽媽去哪裡？」媽媽回答「去做**生意**（台語閩南話讀若去做**生你**（li））」，小女孩乃應以「**喔！去做生我**（guá）？」大人一時未能會意，須臾才哄然大笑。小女孩從此不再使用「生我」。

（二）小男孩在夜晚黑暗的山路上，心有恐懼，小手抓緊爸爸的手問：「爸爸你說**世間**

（台語讀若ségan）無魔鬼不是嗎？」「是啊，世間無魔鬼啊！」爸爸回答。小男孩還是不放心的再追問：「但大間呢？」世間在台語讀成ségan，音同「細間」，聽之似「小間」之意。小男孩以「小」取代「大」，其後慢慢才了解「世間」的意義。

兒童是這樣不斷地勇於做種種嘗試（嘗試時，常從整句中取代其詞彙），同時敏銳地觀察大人的反應，隨時加以修正。不斷嘗試，使兒童有機會不斷修正，從修正中逐步掌握句型的用法，而終於應用自如。

【1】兒童能觀察到類似句型於不同時間內，重複的發生在他周遭，乃是有賴於他特佳的記憶。例如上述三句同類型的詞句傳入他耳朵的時間，可能相隔數週，但他仍能夠歸併在一起，抽出三句話使用時的共同情境特徵，這種能力便是以兒童特佳的記憶爲輔助。相對的，人長大後，要再以學母語的方式直接學習外語便會因記憶不若兒時而有困難，但更根本的困難則爲人長大後辨認整體特徵的能力亦相應萎縮。

綜合起來，兒童的母語學習包含了下列的內在機制：

(A)自大人或大孩子口中歸納出同一語詞或同型語句所使用的情境，找出各情境之共同特徵，逐漸掌握其正確使用的情境及涵意。由於兒童可以辨認複雜事物（基本上是無窮多個變數[2]）的特徵，所以語言的複雜句型及語句深層的涵意，如喬姆斯基所擔心的名例[3]，其使用情境之異同，自亦在兒童辨認能力之內。

(B)兒童對母語的學習是整句成套的認識，而以逐字取代句中字彙來表達意思，並非分析詞類及學習語法，再予以拼湊組合。這種整體觀是兒童認識世界的特點，也是人原創力的基礎。

(C)兒童掌握句型之後，隨時透過嘗試錯誤，還諸實際，隨時修正。

十五、幼兒繪畫

深入而全面的探討兒童如何辨認複雜事物的整體特徵，是教育者進入兒童世界的可能線索。

幼兒繪畫是呈現兒童自然能力與文明能力辯證發展的一面鏡子。一個連筆都拿不穩的幼兒，在紙上畫三兩線條，會認眞告訴不經意的大人說這是媽媽，這是狗狗，唯所畫的線條連一點點媽媽狗狗的樣子都沒有。幼兒不在描述媽媽或狗狗的實體，他甚至不預期筆下畫出的線條要與媽媽狗狗的形象相像。是大人有如此的預期，預期他拿了筆便從事代表文明的描述工作。

事實上，那三兩線條勾出來的媽媽狗狗，**不是屬於**描述層次的實體圖形，而是屬於辨認層次的**整體特徵**的代表符號。媽媽在幼兒心目中的整體特徵，除開形貌之外還有聲音、體溫、氣味、親密、安全、依賴、**一切生之所寄**的混成。幼兒筆下的勾勒，是這一切的**整體混成**的表意。他不見得認眞要去畫出這凝聚的複合特徵，他的線條**只是**媽媽這整體特徵的一個**代表**符號而已。

【2】參見〈鳥與飛機〉。
【3】參見〈語言迷思〉。

透過觀察大孩子或大人的圖畫，慢慢幼兒開始了解一般人繪畫的題意，常侷限於描繪實體的形貌，亦即要兒童很快放棄塗鴨，**放棄前述整體但象徵性的圖畫**。以這樣的看法界定繪畫，會窄化兒童的繪畫世界，阻滯兒童在繪畫、在表達上的創造性發展[4]。**事實上，事物與感覺的整體特徵**（當然不只是其代表符號）**在畫紙上的展現，才是繪畫上的主題**，實體形貌的描繪只爲繪畫的基礎技法。

當幼兒開始模仿他人的圖畫，也來描述一些實體圖形，不再塗鴨地把繪畫當作對象的象徵符號，這時幼兒的圖畫便開始被納入文明的軌道，進入描述的層次。可是較準確的描繪，包括光影透視[5]是文明的產物，兒童須長期學習才漸能掌握。初時，幼兒雖已能從瞄一眼背影，便分辨出那是不是母親，但他的畫筆描繪在紙上的**卻不辨方圓**，隨著年歲漸長，他的圖畫開始分出媽媽的頭與身體，然後四肢、脖子、腰身。

以數學語言來說，幼兒在描述的層次上是從簡單的拓撲（topology）開始，逐步精確而進入複雜的尺度世界。但不能因此誤以爲兒童的認知能力，一開始也只停留於拓撲圖形。相反的，在辨認的層次上，兒童卻從複雜的尺度出發，最後才看到拓撲。例如先辨認母親臉的整體特徵，辨認方與圓，到年歲漸長後才認出週而復始的封閉線。但當他看到了拓撲，明白指出封閉線的特徵是「週而復始」時，他已切入了描述的更高層次，在使用整體性的直觀進行分析性的形式運思。

這就是說，**辨認整體**的自然能力與**描述分析**的文明能力**並非截然分離**的兩種能力。在良好的教育環境下使兒童的心智**兼容**兩者，會使兩者相互作用，發生辯證發展的關係，**促成兒童心智成熟**。但掌握複雜事物整體特徵的能力，隨著人適應環境與適應文明相伴而來的安全舒適，其極端敏感的原始軸突，終要變得遲鈍。

十六、兒童文學

【4】不妨參看杭海：《孩子的方式——一個藝術家看見兒子的塗鴉與成長》，二〇〇三年，三音社。

【5】從十九世紀後期印象主義，對光影的捕捉，到二十世紀初立體派對空間結構的還原，最能說明整體特徵的辨認，與抽象形式的分析，兩者間的互動。

由於辨認整體特徵的敏感，兒童的世界是無限的。再複雜多變的新事物，兒童可以把它作爲整體，一樣樣加以同化，迅速地納入他的認知體系而掌握到它們的整體特徵，不像大人一面對新事物立即進入事物的各部零件，了解零件再加以組合，以致延緩他消化新知的腳步。

兒童教育應針對兒童辨認整體特徵的敏感特質而實施。兒童繪畫應以展現兒童自身對世界一切事物整體特徵的認知、感觸與表達爲主題，實物的直接描繪則只是基礎技法。技法當然要訓練，使他更擅用畫筆，但不能讓技法訓練，規範並侷限了兒童千變萬化的世界。

兒童文學自然也不應該定位於學習大人語文與生活價值的準備。可是爲刺激兒童的想像力，製造奇巧的意象，誘引兒童去作種種聯想與譬喻，亦是**無可救藥的虛假**。**兒童的想像力是天生的**，他不善於用華麗古怪的言辭，只因他拙於使用大人世界的語言，拙於描述，並不表示他不善於想像。而裝腔作勢，故意模仿兒童的言詞便以爲進入兒童世界，更反映大人對兒童世界的無知。兒童文學該給予兒童的，是**遼闊與無限**，讓兒童的想像透過大人提供的素材自然伸向遠方，伸向無限的時空，也伸向複雜詭譎的世界。文學的功能在於拓廣人的經驗。

兒童縱有無限的想像力，如果沒有足夠廣闊的經驗做爲想像的素材，他的世界很快就會因貧乏而萎縮。威尼斯的水城、大漠的駱駝、劃最後一根火柴的女孩，一點點簡單而眞實的素材，便是水上的浮萍，能讓兒童的想像飛躍進入他經驗之外的時空。兒童的世界是詩，它沒有太多分析性描述性的語言；大人多以爲兒童世界是大人世界的雛形，事實上它們分屬不同的向度，當兒童的世界伸向日落的天邊，伸向無垠的星空，伸向歷史伸向未來時，大人卻侷限在燈火通明的摩天大樓裡誇耀他眼前高聳光華的文明。摩天大樓固然標誌著人類近代文明偉大的成就，但兒童屬於自然與無限。自然的浩瀚富於變化，複雜與詭譎更能吸引兒童。在兒童尚未進入摩天大樓之前，讓他多一段歲月徜徉於自然的無限，從自然吸吮曾經且一直哺育著人類文明的乳汁，將有助於減少未來人類社會的愚蠢與紛擾，帶來遠較富麗多姿的生氣、創造與詩意。

跌倒的次數沒寫在臉上

辨認特徵，整體的看待世間的複雜現象，是小孩秉承於自然的原始創造特質。關於這種能力，我們的說明暫且告一段落。我們開始探討兒童其他的創造特質。

十七、生之勇氣

田立克（Paul Tillich,1886-1965）就人類存在的本質討論生之勇氣（courage to be）。他指出文藝復興時期，人將往昔接受命運的勇氣轉變成對命運展開一連串主動格鬥的勇氣，命運就如帆上的風，人類是舵手。人類竭盡一切可能在所處的環境裡掌握自己的路途，實現他的潛力。而人類的潛力是取之不盡的。因為人類是宇宙的縮影，宇宙的力量皆潛藏於人類身上，人類可以參與宇宙的一切領域與秩序[1]。

小孩跨入世間，便是以這種無畏的生之勇氣體現他自己，把他自身溶入這個世界。他摸觸世間的一切事物，不帶一點猶豫，他干擾外在世界的秩序，來了解周遭的世界，從而認識他自己。他從躺著、趴著而爬著、坐著，最後站了起來，就像他的祖先直立起來一樣。當匍匐地上的爬蟲類及四條腿的哺乳類平穩地在地上行走，從不必擔心摔跤時，（你看過貓狗摔跤嗎？）直立起來的人卻不斷在跌倒的威脅與挑戰中發展腦部與智慧。跌倒使人的幼兒成長，也使人的老者常常一蹶不起，結束人的旅程。直立行走與不斷跌倒構成人的特徵，也成就了人萬物之靈的文明。

小孩不怕跌倒，跌倒是他以他的身體溶入周遭世界，干擾外在事物的秩序時，必要付出的成本。但他從不計算成本，只因**體驗是他生命成長不能割離的血肉**。

人最眞實的知識須靠自身的體驗得來，靠自身體驗得來的知識，才能發展成智慧。先前我們談過，人連認識自己生活其中的空間，都不像康德所假設，依賴先驗的賦與，而是通過幼兒階段移動實物，移動自己身體，建立起位移群的概念，然後抽象爲向量，爲點，最後才是位置與空間。

人學習大小的觀念也是如此。皮亞傑的研究再三指出這點。對於數、長度、面積、體積

[1] 參見 Paul Tillich: *Courage to be.*

以及重量的「不變性」（invariance），兒童的認知發展比一般人意料的來得遲緩。原因是小孩只透過體驗，一點一滴累積著他從體驗中得來的東西，**他才逐步抽象爲概念性的知識。而不斷的體驗需要歲月。**

皮亞傑與一般人一樣，沒有對不變性的前階段經驗做足夠深入的分析。一般人**以爲不變性**是知識的開始。比如說數目，知道5隻獅子與5隻綿羊的數目同樣都是5，亦即明白了：「5」這個數目的意義不因指的是獅子或指的是綿羊而有所改變，這時候小孩才可以學算數。

再舉個例子，比如說容積，一瓢水的容積（例如二百c.c.的水）不因裝在高瘦的杯子或粗大的牙缸而改變，只有了解這事實，容積才能夠定義，小孩也才可以開始學習容積。

在文明的軌道上，一個概念的定義（或其不變性）是起點，因爲定義之後，描述事物內在機制與現象的語言才能精確展現。但以人認知發展的整體來說，定義所代表的已經是一個漫長體驗歷程的終結。

十八、加法後不變

皮亞傑如果將小孩認識數目或容積的不變性，印證於能量不變性在物理發展的歷史，會發現小孩認識數目或容積不變性之前，對數目或容積已有相當深刻的體驗。當人類可以寫出能量不變定律之時，人才能定義能量，但到了定義能量的前夕，其實人對能量的不同形式如位能、動能等，已有相當的體驗與了解。

在小孩弄清楚數目的不變性之前，大人問他：「5隻獅子與5隻綿羊，哪邊多？」小孩偶會回答：「獅子多。」

會有這樣的答案，有幾個可能的理由。第一是小孩對於題意的了解有落差。當小孩對數的不變性觀念尚未建立之前，他不明白大人問「哪邊多」到底是什麼涵義。

其次，小孩來到世間，他充滿好奇，勇於體驗，原因並不是主觀地爲好奇而好奇，也不是單純爲體驗而體驗，更不是他天生熱愛知識要做個學問家。他的好奇與體驗，他一切不計成本的努力，爲的無非是生存與發展。好奇與不遲疑的接近知識，有益於人的生存與發展。這是自然授予的使命，而這個使命的基礎便是人的存在。當小孩被問及5隻獅子與5隻綿羊哪邊多時，他所意會的「多」，指的是「有利於生存的壯大」，不是數學文明中的數目多少。透過童話中描述的獅子吃掉綿羊的故事，或透過自己不及半公尺的小個子曾被幾條一公尺多長的野狗追逐的恐懼經驗，他自然要說獅子多。

當小孩明白「5」這數目的不變性之前，他已經付出很多力氣做過種種嘗試，也跌了許多跤。從他降生時遠不如毛蟲蟑螂的智力，短短數年之間，超越了所有動物的理解，學會5這數目的意涵。這中間他須經歷多少事情，體驗多少具體事物，然後自己摸索，自己學習抽象，最後才弄清楚：5隻獅子與5隻綿羊一樣多，也與5個手指頭，5根香蕉，5棵樹，5棟房子一樣多。

在學會定義與不變性之前，小孩已有難以想像的複雜與豐富的體驗。這段體驗何其艱辛，成人不知其中艱辛，只因小孩不曾將他跌跤的次數寫在臉上——事實上小孩亦不在乎跌跤。自己摸索自己思辨，不斷體驗不斷成長。這種**生之勇氣**，原是小孩極爲珍貴的創造特質。

認知發展的理論還未能說明：兒童如何經由不斷體驗而了解文明的事物與概念。譬如他如何從千百次碰觸與觀察周遭的實物，最後看出了5個指頭與5個房子代表同樣是5的數目。我們有理由相信小孩是**透過數目的加法運算**（加法是文明重要的產物，也是**有利於人類生存**與發展的自然運作），**反過來才認識數目本身**，而不是像一般數學教師所以爲的那樣：先認識數目才知道加法。基於對數學史的了解，我們幾乎可以斷言人類的祖先因爲重複觀察到：2個手指頭加上3個手指頭的結果，無異於2棟房子添上3棟房子的結果，（亦即同樣都是5個手指頭，5棟房子。）**才逐漸看出來名數**，如手指頭、房子等，**是不必要的累贅**，也因此才有了**數目的不變性**，才建立起1、2、3、4、5這些數目的概念。在人類文明的開創過程中，人不是沒來由的先有數的不變性，就像數學課本上的編排方式，先有數的定義，才有加法。事實上數學概念的形成，比我們一般所想的遠爲複雜。數的不變性，是在實際生活中，與加減法的運用，交迭而辯證的相互激盪，才逐步形成。

小孩了解文明事物（如數目等）的過程，正如同人類文明拓展時代的開創過程：經由深度的體驗，在眞實的世界裡，在緊緊結合著生存與發展的運作中，經歸納、抽象、去蕪存菁，才逐步辯證的掌握了文明的概念。

十九、文明屬於分析

文明的要點**在於其分析的特性**。早期人類經世世代代的試煉，慢慢學會從歸納中抽象，去蕪存菁，看出事物的分析性特徵，再發展出推理演繹，敲開了文明之門。出現在大地上、在大河邊的每一支文明，都展露這段奮鬥過程的痕跡。希臘文明對於近代西方文明的孕育之所以如此刻骨銘心，正因爲希臘時期的哲學，在掌握事物分析性的特徵上面，比其他分支的人類文明嚴謹而出色。

掌握分析性的特徵，有助於概念的釐清及其進一步的發展。當蘇格拉底在酒肆中，搖著光禿的腦袋，說著：「我只知道一件事，那就是我什麼也不知道。」事實上他正冷靜在探索，在分析人類的靈魂，澄清世人的思慮。他深陷於眼眶中咄咄逼人的眼睛在質問：

——正義是什麼？什麼又是德性？什麼是道德？而你自己則是什麼？

蘇格拉底質問的是種種概念與事物的**分析性特徵**。敏慧而高貴的柏拉圖卻給了似睿智復平庸的定義：「人人各盡己任，各有己物，謂之正義。」

這時德謨克利德斯（Democritus, 406-360? B.C.）在追究的是：—什麼是物質？物質的最終單位是原子，萬物皆由原子組成。畢達哥拉斯（Pythagoras）則已從直角三角形的初步特徵進入演繹，神祕地向世人宣示他已發現並證明三邊長度間關係的分析性特徵。而偉大的阿基米德（Archimedes, 287-212 B.C.）卻埋首於從拋物線的特徵，計算它與直線合起來圍出的面積，在某一個大白天從澡盆跳出來，高喊著「我找到了」，並直奔大街，因為他找到了物體的體積、比重與浮力三者間關係的分析性特徵。

事實上尼羅河、恆河、黃河、幼發拉底河等各大河流域的古文明，都啓源於人對事物的分析性特徵不同程度、不同性質的掌握。

分析性特徵的掌握，對於小孩來說，並不是自然天成的。要能看到分析性特徵，必須透過他本身在生活中不斷的體驗，正如他的祖先在各大河流域經過千百代的生活試煉，才發展出文明一樣。周遭現有的文明環境與他本身之勇於體驗，使他在出生後短短五、六年之間能感悟數目的不變性，從數目運算的生活需要中，知道了數目的分析性特徵。

從小孩了解高度的分析性的特徵，比較能看出他在生活體驗中的艱辛與無畏，因爲高度牽涉到重力。重力使人站立後如鶴立雞群一般，有別於其他動物，但重力則使站立後的人的幼兒在跌撞中備嘗辛苦。對抗重力、適應重力是幼兒生活中的嚴肅課題，利用重力、超越重力則使幼兒的生活充滿意趣與幻想。一歲半的小孩已經會專心致志地搖晃瓶子，倒出裡頭的糖果，他懂得利用重力搖出好吃的東西。而不知幾歲開始他便持續在夢想超越重力，像鳥一樣自在地飛翔，像雲一樣無心的駐足與流散。

但對抗重力適應重力則是一連串的考驗，從出生不久偶會滑落床下，到好容易坐穩地上，站了起來，而往上爬，往低跳。尤其在山邊在溝畔，處處隱伏著他無法預計的艱難與危險。他只能以身體去試驗，從無畏懼。當他慣於一口氣從三步台階的高處跳下之後，他會試著爬上一公尺高的升旗台，縱身一躍，跌到地上痛了，他開始了解生物的局限與自然加諸人的制約，他漸漸學會估計高度，清楚分辨他能安全下跳的臨界高度。這高度比升旗台的高度低一點，比那三步台階高一些，他對高度的觀念慢慢形成了，也看出高度的不變性。升旗台往下跳會跌痛屁股，從樹上枝椏的某處跳下來也一樣會痛得坐在地上發不出聲音。同樣的高度，不因是升旗台或是樹上枝椏而有所不同。高度的觀念逐漸形成的同時，小孩進一步學習高度的量化。哥哥繞過升旗台後面，小孩爬到台上，正好看到哥哥的帽子，哥哥自稱有一公尺高，那麼升旗台與那樹上枝椏同樣都是一公尺高。但花架才有哥哥一半高，所以花架便只有半公尺高。又那屋簷有兩個哥哥疊起來那樣高，因此那屋簷有兩公尺高。這樣，小孩掌握了高度的分析性特徵，並加上量化，用以比較高低。他通過千百次的跌跤，一無畏懼，直到他體驗到自己所受生物性的限制。他依靠自身無畏的勇氣，體驗出「高度」這文明的概念。

二十、分析之前的體驗

當蘇格拉底嚴肅地質問詭辯家突拉西馬庫斯（Thrasymacus）什麼是正義時，他問的是正義的分析性特徵，是正義在人思想觀念中的定義。若不澄清彼此間所認識的正義，並分辨其意涵在彼此心中之異同，人與人之間的討論不會有令人信服的結果。他要突拉西馬庫斯回答

的是

——作為文明的概念，正義是什麼？

對於小孩，在他眞正進入文明軌道之前，他對正義的了解是整體性的。站在正義方面的人，整體的說便是好人，正義與邪惡之分是好人與壞人之分。但小孩籠統的說好人壞人時，這些概念不單純是內發的，也不單純是體驗得來的。他們常只是粗糙的由傳播媒體與圖畫故事在他心中模塑後的反應。證諸實際，對於他生活周遭的人們，小孩較少如此明白的區分好人壞人。「正義」的分析性特徵，就他體驗所及，**是非常遙遠的東西**。事實上許多人對「正義」的分析性概念，由於體驗所限或由於易受本身利害與偏見左右，終其一生皆未能眞正掌握。當他慷慨激昂地使用正義兩字，他的認知一直不曾脫離含糊籠統的階段，不曾分析出正義的特徵。這也是蘇格拉底不惜激怒突拉西馬庫斯氏，要他嚴格加以界定正義的背景原因。

「那麼請聽著！」憤怒的詭辯家說，「正義（justice）不過是力量，是強者藉以維護本身利益的字眼而已。各種不同形式的政府，不論是貴族的、專制的或是民主的政府，依其利益，各制訂法律。這些法律本爲他們自己利益而設，現在加諸人民身上，聲言這便是正義，違者爲不正，予以懲罰。當主政者搶走人民財物，使人民淪爲奴隸時，沒有人指責他，反而讚揚他，祝福他，這是什麼緣故？因爲一般人指責不正不義，只有當自己身受其苦之時，而非出於自己的良心。只要事不關己，便少管閒事。」

而柏拉圖則以另一觀點來分析正義，指出正義是有效調和社會秩序的力量。是社會生存的條件。憤怒熱情的突拉西馬庫斯與傲岸深邃的柏拉圖對於正義所掌握的分析特徵，各執一詞。但他們的分析則通過自身長年的體驗與抽絲剝繭的思辨。

體驗是小孩的自然特質，也是小孩進入文明掌握文明的主要依靠。環境太早限制小孩的體驗活動，把文明當作**死的禮物**送給小孩，要小孩接納，反而**阻斷小孩傳承文明香火的志業**。小孩天生具有體驗生活，體驗生命的生之勇氣，像田立克所描述的十六世紀文藝復興時期人的勇氣：命運是帆上的風，人類是舵手。人類的潛力是取之不盡的，因爲**人類是宇宙的縮影**，宇宙的力量皆潛藏於人類身上，人類可以參與宇宙的一切領域與秩序。

每一個時代，每一個地方出生的每一個小孩都是整個大自然的縮影。大自然的力量皆潛藏於每一個小孩的身上，小孩天生的以他樂於且敢於體驗一切的勇氣，參與大自然的一切領域與秩序。小孩毋需風帆，也不必依賴渡船，他像鳥一無畏懼，直奔不可測知的未來。

人在知識中異化

上文我們開始探討潛涵於兒童身上的第二個創造特質：體驗的勇氣。較早我們提到辨認整體特徵的能力是兒童天生賦有的自然能力。以這種整體辨認的自然能力，人的幼兒降臨世上，才能飛快地認識他周遭變化多端，複雜無比的世界。然後他被推進文明的軌道，被賦予傳承文明，繼續開創文明的使命。但文明屬於分析。**自然是整體的存在，文明則加以分析。**分析之後予以組合。就像自然世界的鳥，是個整體，人在童稚時期認識鳥，是整體的認識，不只是鳥整體的形貌，連鳥的叫聲，鳥停停飛飛昂首扭身，極其細微的動作，甚至鳥的生命都是整體的納入兒童的認知圖式。而文明則觀察鳥，分析鳥的翼與尾的結構與作用，加以模仿，加以組合，終於造出飛機。

但兒童要學會屬於文明的分析能力而進入文明的軌道，並不是容易的事。他須要通過不斷的體驗才能逐漸掌握分析的能力。小孩要了解「數」，了解「高度」，了解「正義」，甚至了解「自我」的分析性特徵，都要經歷漫長而艱辛的體驗，要不斷地跌倒，更不怕跌倒。

無畏的體驗，是存在哲學家 Paul Tillich 所強調的生之勇氣，也是兒童最可貴的創造特質。世間最眞實的知識，原依體驗而來。不通過體驗的知識，不成爲人自身的一部份，反而會使人異化。

二十一、不經體驗的知識使人異化

吸取知識不經過體驗，只靠記誦或單向的接受，知識會死去，會變成教條，變成裝飾，變成虛有其表的社會地位與權力。死的知識使人從人的自身異化出去。知識不再是人的一部份。相反的，人變成了知識的工具，人異化到死的知識中，如果在這時候死的知識又被他人利用，**人也就變成了他人的工具。人更不再是目的。**

而眞實的知識是人認識世界的過程與結果。知識應屬於人的自身。透過不斷體驗得來的知識，人逐漸形成智慧，**人才成其爲人。**

歌德把這觀念說得很深刻：人只有在認識世界的同時才能認識自己[1]。他更進一步說：

——人只能在自身中認識世界，在世界中認識自己，每一樣真正被人所接納的新客體可

【1】參見歌德於一八八六年與Eckerman的談話。

以說是在我們身上發現的新器官。

換句話說，經體驗得來的知識，便成爲人自身**不能割離的部分**。一個長大了的成人，仍然在長大，因爲他仍然在認識世界，認識自己。如果他不再以體驗得到知識，那麼他的成長便告停頓。他僵化老化了，他的生命不再有創造，他已經在自身的異化中消失。

所以說，**體驗也是人重要的原始創造特質**。人類文明的發展是人類共同體驗的結晶，文明是亞當夏娃被逐出伊甸園，脫離了上帝呵護，才在人的體驗中發展起來的。同樣，人個體的成長也是透過不斷而勇敢的嘗試，無畏無忌地干擾並參與外在世界的秩序，才有了知識，形成智慧。等到一個人開始被灌輸外加的知識，在吸收知識的過程中，被剝奪自身的參與及體驗，那麼他的成長，他的創造活動便告停止。他被送入文明軌道，吸收系列的文明知識，他可以被訓練成一名熟練的技術操作員，但他沒有創造，他的生命力急速萎縮。

二十二、體驗與印證

水之冷暖，小孩如何感知？如果大人只因怕小孩被熱水燙到，禁絕小孩碰觸熱水，而反覆告訴小孩有蒸氣的便是熱水，一定不能碰。太聽話的小孩會因此延緩他對冷暖的認識，不過他遲早還是要被熱水燙到，因爲熱水已爲文明生活所必需，隨時出現於人的左右。如果小孩被訓練得太規矩，每一件稍有一點危險的事都被告誡不得接近，小孩會延緩他對世界的認識，因爲他的知識是**被告知的**，而無自身的體驗，他會變得戰戰兢兢，心智發展阻滯。

相反的，設若較早讓小孩碰觸滾燙的熱水，燙到一個手指頭，當他喊痛之時大人才告訴他：這就是熱水，熱水會燙人，會燙人的熱水上面有蒸氣。除此之外叫他先碰碰容器外緣以試其溫度高低，或先在水面沾一點水，便迅速抽離，給他一點示範。那麼小孩便認識了熱水，也學會如何與熱水相處。大人所施給的教育亦到此爲止。至於他是否更具冒險精神，對於熱水擁有更強烈的好奇，願意從事更深度的體驗，那是他的事。痛苦由他承擔，大人只能負責擦藥送醫。

這看似乎平凡無比的道理，卻是人本主義的根本精神，**人本主義不是單純的愛護個體，尊重個體**，更要了解個體勇於體驗的本性，使個體自己去發展。

透過體驗得來的知識，才是眞實的知識，透過體驗認識的世界，才是眞實的世界。**人透過體驗認識世界的同時，才眞實的認識了自己**。不斷的體驗，最能使個體沿依本性發展。

但自然加諸人的先天制約，使人的體驗有了局限。例如人的生命不能換新，人不能等掉落懸崖才體驗出懸崖不能跳，等溺水斃命才恍悟深潭危險。前世之事後世之師。但在借助前人經驗之時，要容許後人去摸索，一吋吋去逼近將以致命的高度與深度，正如前述小孩探索高度一樣（見十九、「文明屬於分析」一節）。而不是只有禁止或告誡。

但文明發展到今日的面目，人已不能事事都要通過自身的直接體驗。以自身的直接體驗與前人的經驗相互印證，才有可能使個體一方面沿依本性發展，另一方面步入今日文明洗禮之下多樣而複雜的眞實世界。這就揭開了在今日的文明架構中探討知識本質的序幕，並暗示了人在現代文明中接近知識的方法。

狹義的知識指的是人類共同經驗的記載，廣義的知識則指透過狹義的知識及自身的體驗，個人對眞實世界所持的理解。我們暫以知識來稱呼狹義的知識。換句話說，這裡知識指的是人類共同經驗的記載。

知識的主體大略粗分爲**人文學**、**社會科學與自然科學**等三個領域。自然科學是人類共同叩詢自然，與自然對話的活動經驗，是人與自然的綿綿互動中發展出來的人類智慧。在這互動過程中，人從自然中看得見的現象，進入其中看不見的極小世界的奧祕，從摸得到的近處伸向摸不到的遠方，伸向浩瀚宇宙的天邊。

社會科學是人經營社會生活的共同體驗，從共同經驗中找尋社會發展的規律，找尋紛亂中的秩序，而發展出人的社會思想。人文學則兼含文學藝術，所探討的是某些時空下的個人，以某種獨特的手法，刻劃或展現的人世體驗。

換句話說，知識即使記述在書本上，它所記述的不是死的事物，而是人類在不同時空下，集體的或個體的體驗。每一個人單靠一己的體驗，無法認識眞實的世界，他必須拓廣自己的體驗。行萬里路讀萬卷書，爲的是要將自己一個人的體驗與人類共同的體驗相互印證，從而打開視野，全面觀照眞實的世界。

只有將學校傳授的知識，將書本記載的知識，定位爲**人類共同體驗世界的腳印**，只有將學校教育，將讀書當做是人與他人（甚至與人類）的體驗相互印證相互碰撞的過程，才會使目前僵化了的學校教育復活，使讀書變得盎然有趣。學校目前只提供技術性知識，提供文憑與地位。這使得知識工具化，使得人從人的自身異化出去，淪於知識的附加價值之中。

人學習知識，要有自己的體驗，把自己的體驗隨時與書本知識中所紀錄的人類共同體驗的足跡相互印證，使人的體驗不限於一時一地，能**跨越時空**，又能**深入人世**，人才能眞正認識世界，認識自己。

例如學地理，不是只爲記憶地名，亦不單爲日後遠行時備用。學地理是要拓展人認識中的世界，了解各大河，各草原沙漠的每一支人類文明如何展現。**歷史是文明之舞，地理則爲文明的舞台**。但地理不等同於地圖，一張地圖攤開，每一港口每一都市皆同等份量。地理則蘊涵了人在一鄉一國生活與探索的體驗，並且由近及遠。人的文明是從大河的流域萌芽，在大河流域深耕經營，慢慢才拓及遠處。小孩的知識發展也一樣。學地理要從小孩自己生長的村里市鎭學起，讓小孩體驗自己生長周遭的人文或自然的每一個細節，告訴小孩太陽出來的方向是東方，北極星永遠閃亮的天邊則是北方。把方位確定之後，開始由小孩來描繪自己所處村里市鎮的地圖，探討村里市鎮的發展史，查詢人文典故，作說明，甚至學習作報告，然後逐漸擴及省縣，擴及國土，擴及世界。當探討的範圍在增大，漸漸超出小孩個人的活動所能體驗的界限，這時候便要學習找資料，找書本，把前人旅行得來的地理知識拿來彌補自己體驗的不足。隨著小孩對地理的認識漸行漸遠，小孩所能了解的地圖涵蓋的地面也越來越大。同時他心中認識的不只是自然的山河與資源，還要結合文學藝術，探討在這山巓河畔的人文活動，歷史的變遷。從自己所體驗的一村一里一市一鎮的人文典故拓展出去，與世界各地，不同時空的人類體驗相互印證，這樣地理知識才有了生氣。

地理既然是歷史之舞的舞台，歷史與地理便不可分。事實上歷史地理、文學詩歌與自然科學所記載的盡是人類活動的整體，**彼此都不可分割**。眞實的知識是整體的，是人對眞實世界及對自己的**整體性的理解**。整體性的理解，使人把知識提升爲智慧，**使人的知性與人格趨於成熟**，使人免於恐懼，在生命存在的時刻中泰然自若。相反的，如果把知識切割成碎片，讓每一個人抱持著一塊碎片，那麼人將看不到世界的眞實面目，看不到自己的全貌。**擁有一**

塊碎片的人是一種專家，專家的專業提供了人安全與生活的保障，同時也變成了人逃避自己逃避世界的庇護所。當人不再體驗，不再具有無畏的生之勇氣的時候，人便有了恐懼。

哲學家庫里士南（Krishnamurti, 1895-1986）在一九五三年寫道[2]：「教育的目的，在於免除恐懼。」他的立論正是如此。教育要授予的是整體性的知識，整體性的知識使人了解眞實的世界，了解眞實的自己，人將因此不再恐懼。倘若人從教育所得到的是知識的片瓦，他將看不到眞實的世界與自己。爲據有那知識的片瓦，及那片瓦所附加的價值及利益，他將因爲受的教育越多而越有恐懼。知識的片瓦無法使他認識眞實的世界，無法使人認識眞正的自己，片斷的知識不能幫助人成熟的處理問題而使生活充實自在。同時他自身會異化於知識片瓦的附加價值與利益之中，這些附加價值與利益，將成爲他安全的保障，成爲他與別人競爭時優越於別人的符號，甚至替代他的生命，成爲他全部生活的目標。但這些保障、符號與目標，隨時可能被外在的力量奪走。他爲了要保有，爲了要擁有更多，恐懼便滋生在他心中。

但知識的整體，事實上無法全盤傳授。分門別類的學習之後，人須要自己去整合，整合知識是重要的體驗過程，它包含了皮亞傑的同化與順應。整合的體驗，使人再度參與宇宙的領域與秩序。每個人以他自己原先對世界的理解，來整合後來接受的知識，把它們組織成他對世界深一層的理解。當他對世界的理解越深刻而眞實，他也就越能認識自己。不斷從事整合的體驗，使人的知性成熟，細細解讀體驗的結果，人則認識了世界，認識了自己，人格也漸臻成熟。

而培育知性與人格成熟，原是人本教育的直接目的。

【2】參見J.Krishnamurti: Education and the Significance of Life.張南星譯，牧童出版社。

當人不再年輕時

二十三、知識變成高級成品

我們繼續探討孩童的第二個原始特質：體驗的勇氣。

透過無畏無休的體驗，小孩逐步認識了世界，認識自己。作爲自然界一個特立獨行的物種，人類的自然演化及其文明的形成，亦透過世世代代的冒險體驗，累積知識，開拓知識，才模塑出今日的面目。

知識原是人探索世事萬物時心血體驗的結晶。沒有體驗就沒有眞實的知識，而眞實的知識使人因了解世界，了解自己而免除恐懼。可是文明社會卻把知識與體驗分離，把知識的附加利益提昇爲人獲取知識的誘因，把知識等同於文憑、地位與專業者的安全保障，因此知識被切割成碎片，包裝爲高級成品，用最便捷的方式向人輸出輸入。人不再依靠自發的體驗去汲取知識，人不再從自己舊經驗與新經驗的相互印證中得到生之喜悅，體現人深層的存在。相反的，人變成了散裝著知識成品的倉庫，**人的存在本質則在知識倉庫中異化**。

由於文明的形成依賴於世世代代人類經驗的累積，知識經長年精煉沉澱，其質與量已不容許每一個人在汲取的過程中，事事皆重新訴諸自身的直接體驗。把自身已具有的體驗與前人的共通體驗相互印證，變成了孩童進入文明軌道之後，發生知識的必要手段。以相互印證代替直接體驗，使孩童迅速在成年之前汲取了數萬年人類祖先累積的知識精華。

我們就學習歐幾里德的推理幾何爲例，來說明相互印證的機制：古希臘數學家歐幾里德（Euclid）寫幾何原本（Elements,300B.C.），將古代西方數學做了總結。早期人類觀察周遭生活的空間，從丈量田園的面積到測算太陽高度的實際經驗中，認識了幾何世界的紛陳萬象，並試圖御繁於簡，將幾何世界的紛陳萬象以幾條簡單的基本公理來展現。這幾條公理始於一目了然的「兩點決定一條直線」，而終於著名的平行公理：「過直線外一點有且只有一條平行直線」。這些基本公理都是觀察得來的，而歐幾里德的偉大貢獻，便在於找到這幾條簡單明瞭的基本公理，而宣稱一切幾何萬象，皆可由這幾條基本公理依邏輯推導得到。

孩童固然透過自己出生後逐步的直接經驗，早在自己的認知圖式中吸納了「點」、「直線」等這些觀念，但他很難重走一遍他的人類祖先以迄歐幾里德已經走過的老路：直接從幾何萬象中尋找幾條基本公理，由自己一手去建立一套幾何公理體系。因此他學習幾何的方式一般只能先觀察歐氏的每一條公理，看看是否符合自己原先對周遭世界的體驗。例如果真「兩點決定一直線」？是不是可能有兩條直線各通過已知兩點？如果有這樣的兩條直線，那麼會是怎麼一回事？是不是其中一條「直線」必定要彎曲，而不再稱其為「直線」？又例如過直線外一點果眞有而且只有一條平行線？是不是可能沒有平行線？是不是可能有許多平行線？

他在接受這些公理之前，必須先與自己的體驗相印證，看看是否一致？一連串的發問，會使他更有好的準備去學習進一步的演繹，同時啓發他的心智不致陷入歐幾里德的絕對世界。假若他是常常觀察地球儀的小孩，他或許會這樣問：在地表航海時，所謂的直線便無異於大圓（即通過球心的平面與地球表面相交的圓），而那通過南北兩極的大圓卻有無限多條，那麼這是不是說明了歐幾里德「兩點決定一條直線」是荒謬的？

如果他有了這樣的體會，他便不會陷入歐幾里德幾何的專斷。歐幾里德幾何結構的嚴謹與美，輔以古希臘柏拉圖理想國的唯心主義，曾把歐幾里德的幾何變成唯一而絕對的幾何。這種專斷主義的夢魘，使非歐幾何的發現延誤了幾個世紀。

球面幾何顯然不是歐幾里德幾何。孩童從上述南北兩極間存在有無數大圓的反例，更可以一早便察覺一個重要的內在特質：「歐幾里德公理所描述的正是平坦世界」。在平坦的歐幾里德世界裡，三角形內角和是一百八十度。但在球面上，三角形內角和卻超過一百八十度。平坦世界的幾何與非平坦世界的幾何，竟然存在著如此重大的差異。

有體驗才有辯證，而辯證使知識變得盎然有趣，變得有效而容易接受。當孩童已意識到球面幾何不是歐幾里德幾何時，他在學習歐幾里德幾何，所踩出的每一腳步便會佈滿警覺與批判。**警覺與批判有助於學習知識，亦催化了知性的成熟。**

體驗、辯證、警覺與批判有助於學習新的知識，催化知性的成熟，這點在學習文史亦然。了解一國一地的歷史與文化，有助於認識另一國另一地的歷史與文化。深諳一家一派的觀點，更能明辨另一家另一派學說的是非與特點。

初步印證過歐氏公理是否與孩童自身對周遭世界的認識相符，孩童便有條件地接受公理，進入演繹過程。而**一切演繹應由孩童自己嘗試**，先簡單而後繁難。演繹便是證明，最忌把證明全由教師或教材包辦，卻要孩童熟記。演繹本身要通由真實的體驗去掌握，畫補助線，嘗試以既有的公理發展出來的已知性質去證明未確立的性質，這便是較深度的知性體驗。體驗演繹將促使孩童自身領會並欣賞人類文明最嚴謹的一套追求知識的方法。正是這套方法使古希臘的數學與理性哲學的成就大放異彩，凌駕其他分支的古代文明。正是這套方法吸引著二十世紀分析哲學的重要代表人物羅素（Bertrand Russel），使他在一八九四年劍橋的巷道中，突然將手中剛買到的一袋煙絲拋向空中，大澈大悟的從布拉德烈（F.H.Bradley）哲學的牢籠中解放出來，而認爲每種事物凡常識認爲它是實在的，它就是實在的，不受哲學與神學的牽絆。他回憶道：

——「摩爾（G.E.Moore）與我自由自在的想：草是綠的，太陽和星星即使沒有人的知覺也是存在的，連柏拉圖的理念世界亦都是存在的。過去被認為沒有內容的邏輯世界，忽然變得真實而富麗多姿。數學可能是完全真實的，並非僅僅是論證的一個階段。」

固然這套數學的演繹方法如果濫用，會使人重新落入唯心主義的陷阱，但它無疑是現代文明的一根巨大支柱。

二十四、僵化與老化

體驗不是靜態的在歲月之流中經歷一些事物。它的動力是無邊的好奇，它的憑藉是無畏的勇氣，它的過程是身體力行去干擾外在事物秩序，觀察其後果與原先的預期有無出入，然後再干擾再觀察，鍥而不捨直至有了具體的總結，或進一步建立事物的新秩序。

科學家的創造發明是這樣，智者的生活歷世亦是這樣。而最身體力行，無畏無休的實踐這種深度體驗的人卻是小孩。自降臨人世，迄接受文明教育，幾年之中，人的幼兒一直以無懼無悔的體驗在汲取知識，了解世界，了解他自己與周遭世界錯綜複雜的關係。

體驗是人展現生命**最平凡**卻也**最上乘**的方式。每一個幼兒原以這一方式在體現生命，他不容易聽信大人的勸誡與教導，除非他身歷其境。縱然大人一再叮嚀小孩不要碰觸插座銅絲，小孩卻背著大人以小指頭插入，經觸電後錯愕驚疑而不悔。小孩在未受大人經常加以制約之前，天賦有著體驗萬物的無比勇氣。這種勇氣雖偶為大人斥為無知，但若非具有這看似「無知」，實則不計代價的勇氣，小孩無法在三五年內學會一口結構複雜無比的語言，認識周遭紛陳的萬象，為進入文明軌道準備好一切工作。

分析體驗的要素：體驗不只是身體力行去實踐。在實踐、探索更進而干擾外在秩序之後，還要觀其影響，驗其後效，更進而尋找新秩序。**體而不驗，算不上體驗**，只是身體力行而已，得不到新的知識。所有知識的建立，都要驗其後效（feed back），（反觀風水地理的論斷，除因果關係堪疑之外，由於沒有可信賴的方式檢驗其後代子孫興衰榮枯的後效，故算不上是知識。）

體驗的另一要素是，體驗之前要先有從事體驗的動機，**要自己提問題**。小孩稟賦著無庸置疑的廣大好奇，對於甚麼東西他都要問什麼，更要問為什麼。對於甚麼事物他都樂意嘗試。在習於文明的教育軌道之後，尤其到了青少年，人常開始高談興趣，以對某些事不感興趣為由，拒絕嘗試新事物。有些情況下，人由於對某特定領域具有高度的興趣及才能，須全神專注其間，無法也不願分心。但在大部份時候，「不感興趣」只用來**掩飾自己不能再承受挫折**。

挫折感起因於人對人的競爭。人的幼兒不因嘗試失敗而感到挫折。小孩很快會從人對事物的失敗中站了起來。但人對人競爭的失敗，會使孩子逐漸在人比人中失去信心，而感到挫折。

個人在各領域的發展，在不同的階段，分別有快慢強弱。坦然接受別人現階段在有些領域比自己好，**是人格成熟的一環**。小孩原有這樣的寬容。挫折感的發生不是因爲人天生不能容忍別人比自己好，而是因爲文明社會太喜歡對每一個人能力快慢強弱不等的發展，輕易貼上容易辨識的標籤，加以比較排名，然後賦以不等的獎賞與懲處，把人對事的努力**轉化成人**對人的競爭，使個人與知識之間原來充滿生氣活潑的互動關係，很快變得枯躁無趣。

幼兒樂於體驗的動機，除了上述原因之外，亦在文明教育的其他抑制因素下逐日萎縮。事實上多數文明教育工作者，並未眞正珍視體驗的意涵，眞正認識到體驗原本是汲取知識最眞實的方法，也是人天生最可貴的創造特質。

當人不再體驗認識世界之時，便是他創造力枯竭之日。是人老化僵化、「面目可憎」的開始，也是人落入教條，變得專斷，不再年輕不再可愛的時刻。

兒童心智的河床

在進一步探討兒童的第三個原始創造特質，即寬容而心無偏見之前，我們先就前述兩個特質，尤其兒童的自然能力，討論幾個重要而相關的問題。

二十五、智力測驗

依一般人的了解，智力測驗（或稱智商測驗）要量度的是人的智力（intelligence），亦即心理學上所謂普通性向（general aptitude）。

—但智力測驗所要量度的智力到底是什麼？認知心理學家Urlic Neisser（1928—）在一篇人物專訪[1]時指出智力測驗可以度量人的推理、圖形、閱讀等的能力，使我們多認識人的這些能力，但我們**並未發現**真正智力的本質。當我們以為在量度人的智力時，我們所量度的只是：這人與**我們心目中預先選定的高智力者的原型**（prototype）相類似的程度。由於這個原型遠比智力測驗的量表還曖昧不清，實驗心理學家E. Boring乾脆反過來將**智力**定義為「**智力測驗所量度的東西**」。這個直率的定義，明白的指出了智力與智力測驗的意義，實則是捉迷藏似的套套邏輯（tautology）。

在進一步回答美國某些少數民族，例如黑人的智商爲何較低時，Neisser 反對 A. Jensen 的遺傳主張。後者曾帶著種族偏見，大力宣揚：黑人智力偏低，乃源自基因庫本身的先天缺陷。黑人的人類學者 J. Ogbu 則提出反駁，指稱在許多國家，雖然種族相同但只因社會階級較低，兒童智商便也隨著明顯下降，所以黑人的智商比白人低，是文化差異所致，而非天生愚劣。

智商的差距亦表現在文明社會的城鄉之間。比較人的平均智商，發現白人高於黑人，勞心階級高於勞力階級，都市兒童高於鄉村兒童。Neisser 的質疑，Ogbu 的辯護，事實上都把問題的答案指向一個不難相信卻鮮爲人注意的事：**智力測驗所量度的是人的文明能力，卻不涉及人的自然能力。**

例如美國測驗學家 Thurstone 界定的基本心理能力測驗（primary mental abilities test PMAT），在涉及語言能力時，所測量的是語文理解（verbal comprehension）及語文流暢（verbal fluency）[2]。這些都是兒童學得語言後，掌握語言的能力，但被遺忘的空白則爲兒童早年學習語言時，所

【1】《Psychology Today》雜誌的一篇專訪，譯文收錄於王溢嘉編譯《生命與科學對話錄》，野鵝文庫。

【2】參見張春興《心理學》，頁三五七。Thurstone1938,1941.Primary Mental Abilities Test,PMAT.

展露的遠爲複雜神祕的自然能力。這種自然能力並未被視爲智力的一部份，納入智力測驗之中。當然語文理解及語文流暢的程度，反映的是語文學習機制的淨效果。從淨效果來度量其過程的有效性，似言之成理。可是運轉語言學習機制的能力，比語言理解及流暢的能力還基本：這基本的心理能力是人的自然能力，它是人掌握複雜事物整體特徵的能力。語言學習的效果則依賴於這種能力運作之時的文化條件。而且人的自然能力，隨年歲、隨環境、隨人的差異消長。智力測驗不度量人的自然能力，只局限於度量人的文明能力，爲的是因應**文明社會的付託**，爲的是替文明世界的社會組織提供**較能適應文明社會**的人才，而編制其篩選的方式。但人適應文明社會的能力，是文明的薰陶與訓練所致。分屬不同種族、階級與城鄉環境的族群，所受的文明薰陶與訓練不一，在這種文明能力的表現上，當然會有差異。Ogbu 把這些差異歸諸文化差異的主張，自無疑義。

二十六、自然能力與創造力

關於**自然能力**與**文明能力**的分野，我們已在先前的篇幅中，做過相當詳盡的說明，我們再約略加以複述。兒童對於複雜事物，天賦有辨認並洞察其整體特徵的自然能力。自然能力是辨認性的，洞察性的，整體性的，所處理的是無窮多個變數。文明能力則爲描述性的，控制性的，分析性的，所處理的是一個到數個的有限個變數。

早在小孩能控制他的發音器官去發出「褲」與「睏」，「太」與「菜」，「借」與「謝」等不同語音之前，他對耳聞的這些語音及其所相應的語義特徵已分辨得清清楚楚。同樣，出生不久的小孩便能正確掌握母親的整體特徵，他能掌握的不只是簡單的拓撲（topological）特徵，而是複雜的尺度（metric）特徵，甚至是母親的體溫、動作、聲音等自身生之所寄的一切。但要小孩提筆畫出媽媽的樣子，卻須在五年十年之後。正確的握筆描繪與控制發音是文明能力，但整體的辨認與掌握複雜事物的特徵，則屬自然能力。

人進一步，走入事物的內部，分析出事物不同層次的屬性，精確描述事物屬性的異同，將事物的屬性抽象，用以化繁爲簡，並進而加以推理，這便是文明的主要特徵。掌握抽象推理，屬於皮亞傑的認知軌道。但文明能力在成長的同時，由於父母、社會與教育者未能理解保存並發展自然能力的重要性，小孩的自然能力很快在萎縮。換句話說，人整體性、洞察性、辨認性的自然能力，逐日為分析性、控制性、描述性的文明能力所取代。可是文明能力的訓練，到一階段若無原始自然能力那種整體性的直觀，那麼帶給人只是沒有生機沒有創造的**碎離技術**，甚或演變成**教條**。反過來，原始的自然能力若不累積人類文明的結晶，以文明的分析訓練與知識作為基礎，其整體性的直觀，亦**始終停留**於現有世界的辨認，無法充分在文明社會中展現其內蘊的創造力與豐沛的生氣。文明能力與自然能力是**以這樣的辯證關係**貯存在人的身上。

人生下來認識世界，先是發揮自然能力，然後發展文明能力，到了知性逐漸成熟時，需要的是**融合文明的訓練與自然的直觀，人的生命與創造才得以開展**。好的文學藝術的創造顯然歷經這樣的三個階段。好的科學工作亦然。

自然能力的本質是創造，文明能力則為訓練。智力測驗所量度的是文明能力的項目，所涵蓋的則側重於人的**收斂性思考**（convergent thinking），屬於人在文明訓練中獲得的能力。J.P.Guiford[3]於六〇年代引入**發散性思考**（divergent thinking）的測驗面向，試圖量度人的創造力，他舉出創造力在行爲表現上的三個特徵：**彈性**（flexibitity）、原創性（originality）及流暢性（fluency），這些基本上是從消極方面來檢定人受長久文明訓練之後，其心智**從文明規格中掙脫出來的不等程度，而不在測知人與無限世界對話的能力。**

比如測驗「彈性」，問紅磚有些什麼用途，回答蓋房子、修爐灶者比回答壓紙、打狗者得低分，因蓋屋修灶是一般規格下的用途。而「原創性」與「流暢性」兩項，亦在測驗人的心智活動在文明規範下受到阻滯的程度。這樣的測驗內容基本上**是消極的**。

即使以這種消極觀點來界定創造力，心理實驗的結果已顯示：**智力測驗高者，未必具有高的創造力**。Torrance 根據其研究指出：「如果以智力測驗的結果來甄選資優兒童，很可能有七成具高度創造力的兒童落選。」

事實上，從自然能力所發展出來的創造，不只是掙脫文明規格的能力，**它有更積極的面**

〔3〕J.P.Guilford, *Structure of Intellect Model*（1968）及 *The Nature of Iuman Intelligence*（1971）

向。科學的創造顯然不像 Karl Popper 所宣稱的，只是一連串的否定，以掙脫過去建立的典範。文學藝術的創造，更比 Guilford 的發散性思考詭譎多變。

源自於自然的創造力，反映著自然的富麗多變，使人擅於洞察複雜事物的整體特徵，擅於同無限世界對話。但他不作人爲的化約。這種創造力原始的展現，要放回複雜萬端，特殊而具體的情境。脫離了活生生的具體情境，人便由特殊掉入普遍，由多變掉入有限，由直觀掉入推理。這時自然能力也隨著因對象變得陌生而萎頓。待人從文明中汲取已知的知識，到面對新的複雜情境與未知世界時，自然能力是不是仍然活躍，變成爲人有無創造力，人能不能進一步開創文明的關鍵因素。

二十七、情境與兒童哲學

情境，具體生動的整體情境，猶如母親，是小孩的認知所依恃與流連之所，人的自然能力只有在具體生動的情境之中，才得以開展。但文明的本質與此相反。在一步步脫離具體情境之後，文明的功能才漸漸顯現。自然是礦脈，滿山谷的礦藏，經文明加以淘洗，各種矽土金屬才離析出來，才能爲人類所用，照亮人類社會。

自然是整體的情境，文明則是要走出情境，要將情境的各種特性分層剖析，再組合成人爲的世界。在人的認知發展上，走入情境是自然能力的世界，走出情境則是文明能力的天地。智力測驗要度量的是**走出情境的能力**，反諷的是文學藝術的創造，卻需要**走回情境**，在情境中感悟與吟詠。

兒童哲學的探討，尤其離不開情境的出入。M. Lipman 倡導兒童哲學，在《Harry Stottlemeier's Discovery》[4]一書中，強調兒童親自體驗哲學的過程。在走出情境的形式思考上，皮亞傑還是對的。兒童不能太早理解抽象的屬性，在屬性與屬性間從事形式的推演。但兒童可以透過哲學的討論，歸納出形式命題。例如從「所有的行星都繞太陽運行」不能倒換成「所有繞太陽運行的星都是行星」，從「所有黃瓜都是蔬菜」不能倒換「所有蔬菜都是黃瓜」等，歸納出，

【4】楊茂秀譯本《哲學教室》，台灣學生書局，一九七九年。

原句雖真但倒句可能不真的結論。又從「沒有潛水艇是袋鼠」可倒換成「沒有袋鼠是潛水艇」，從「沒有蚊子是棒棒糖」可倒換成「沒有棒棒糖是蚊子」等歸納出當原句以「沒有」起頭時，則可以倒換。然後分辨以「所有」與「沒有」起頭的句子，經過倒換時有不同的效果。

但歸納仍然是自然能力的一部份。至於進一步走出情境，走入文明世界的演繹，還需要歲月與環境，需要依循皮亞傑的軌道。皮亞傑的**觀念不變性**（invariance），**才是真正脫離情境的起點**。

引導兒童的哲學思考，不宜太早要他脫離情境。要求以抽象屬性從事證明，已超越兒童心理世界的先天制約。具體生動、富麗多變而無窮遼闊，無限想像的情境，才是兒童心智之流的河床，也因此兒童哲學與兒童文學的界線，原本是模糊不辨。這是自然給人的賜與，也是自然對人的制約罷。

白鳥之歌

二十八、童年

高爾基在《童年》[1]一書中，寫他幼年時，祖母常與他坐在家後的門檻邊，說故事與他聽。後門之外是蕭索的秋日，灰暗而空曠的天，壓著徒有枝椏的老樹。祖母讀小亞細亞，讀西班牙，讀印度洋之濱的故事，把他幼小的心思帶到幾千里外的世界。這些故事穿過後門之外的天與樹，伸展了他的想像，促發他情感的早熟，使他融入幾千里外不同世代的生活世界，與不同時空的人類一起悲喜。

盧梭早年也常循著父親的朗誦聲，稚幼的心思走進遠方的人群。隨著故事情節的起伏不定與人物的悲苦無奈，小盧梭的眼睛總沾滿淚光。

兒童的世界原本沒有國界、階級、種族、宗教、職業及性別等的族群偏見。沒有族群偏見的赤子之心，是人類愛的基礎。但進入大人社會的同時，兒童很快被教導或感染大人的偏見。自然天成的**心無偏見**，並沒有價值上的善惡，亦無關乎人性本善或人性本惡無休無止的爭論，但它卻是人的創造特質。它使得赤子與天地萬物相親，豐富了兒童世界的內容。

可是人受著自然的制約，其生活體驗總局限於一時一地。知識的主要功能，在於拓展人的生活體驗，使人走出自己所屬的一時一地，感悟在不同時空下生活的人如何也體驗著生活。

當小孩在長大，在感染周邊大人偏見的同時，透過知識，拓廣小孩的視野與胸懷，使兒童認識不同時空下的人；透過書本或故事，使兒童溶入與他一樣圓顱方趾的人類所經驗的思想感情及其悲歡際遇。這樣將兒童天生超越偏見的特質**加以定影**，便是**人格**教育，便是**人類愛**的教育，也是人本教育。

二十九、創造性工作與人類愛

弗洛姆[2]講人與社會的文明關係，猶如人與母親的天然紐帶。人長大獨立之後，有了自由卻逃避自由，因爲人已經遠離己之所出的母體，無所依傍。這時候人要重新回到母體，而新的母體便是社會，回歸的憑藉則是工作與關愛。在工作與關愛之中，印證人的存在，克服

【1】Marksim Gorki: My Childhood（1915）。
【2】Erich Fromm《逃避自由》，新潮文庫。

人的疏離感。弗洛姆所說的工作，指的不是企業體制下生產線的工作，也不是官僚組織中毫無生機的純粹事務性操作，而是有參與、有嘗試錯誤的創造性工作。

但人爲何會投入心力於這樣的工作？創造性工作本身有什麼內在的力量吸引人的投入？如前所述[3]，無畏無休的體驗是兒童的原始特質，小孩無條件投入工作，參與世間秩序的心願是天生的，因爲小孩的成長正是人類這一物種發展出文明的整部歷史的縮影。但人如何能投身於創造性工作，而不因人與人間的過度競爭產生挫折？如何能不因挫折而退縮，而與社會疏離？人的工作如何能變成二度臍帶，使人再投回社會的母體，卻保持人的獨立自由？

答案在於人對文明的肯定，在於深層的人類愛。是人對文明的敬意，是人內心對包含著深愛自己的人類愛，使人能不眠不休地從事創造性工作，從創造中肯定自己的存在，也爲人類文明注入新意，注入新的生命。

唯每一個大人的人類愛，都因社會組織的拘束與洗染，呈現大小範圍的局限。國界是近代嚴酷的國家組織形成之後，不易跨越的界限。愛自己的同胞，並不等同於敵視別國的人民，就如愛自己的親人，並不等同於仇恨鄰居一樣。但強化國家意識下的愛國主義，則是專斷的集體主義，是集體不安全感的產物，也是人流為統治者工具的反映。愛國主義所主張的並不是單純而真誠地愛著自己的同胞，而是仇恨敵國，是將殺戮他國人民的行為加以合理化的說辭。愛國主義是戰爭的溫床，是籠罩於人類文明上空的巨大陰影。同時國家意識所代表的集體不安全感也促成軍事經費、國防經費的大幅膨脹，吞噬了人辛苦工作所累積起來的大半社會財富。

人類學的研究無法證明人的本性是否包含攻擊與殺戮的生物行為。弗里曼（J.D.Freeman）[4]提出人在血腥中感到巨大的滿足，蒙塔格（M.F.Montague）[5]則相信人的攻擊性行為，原是文化模塑的結果。他們立論的實證依據都是觀察原始部落人民的爭戰。但原始部落人民的行為

【3】見本書〈當人不再年輕〉。
【4】J.D.Freeman, Human Agression in Anthropological Perspective,（1964）.
【5】M.F.Montague, Man and Agression, Zad ed., Oxford Press（1972）.

表現各殊，且受各部落生存環境的左右，並**不真正代表人的先天本性**。而人的先天本性，猶如前述[6]所談人的先天智力，缺乏具有本質而又清晰的定義。

較能確定的是兒童對於自己的異類沒有先天的偏見。兒童的內心世界不只超越國家的疆界，而且超越階級、種族、宗教、職業與性別的界限。能**欣賞異類、喜好異類**，是兒童天生擁有的特質，**大談人格教育的大人難以望其項背**。白種人的幼兒，原本不只不排斥同年紀的黑種人娃娃，甚至因黑娃娃膚色之異於自己而更想觸摸他（她）的臉頰。小孩之喜愛異類的現象，甚至超越物種的界限，而與各種動物相親。大人也會喜愛動物，但通常都有明顯的選擇性，尤其只親近幾種特定的寵物，甚至只親近**屬於自己**的狗或貓。對於這些寵物之外的動物反而有排斥的傾向。一個夜晚擁貓入睡的大人，同時會因不小心碰到蛤蟆而歇斯底里地驚叫。可是幼兒之喜愛動物則是**普世的一視同仁**。

喜好異類，欣賞異類是開放心靈的高尚氣質，也是文明人最短缺的物事。三歲的黑白娃娃玩在一起，不分彼此，可是八歲的黑白兒童開始相互疏離，十二歲的黑白少年則因莫名的種族歧視在街頭打群架。文明社會的既存價值，隨著年齡滲透了兒童原本開放的心靈，塑造出人的偏見。

三十、認知上的需要

我們無意把兒童天生開放而無偏見的心靈，說成道德上的善。偏見阻滯了人對天地萬物的進一步認識。**兒童之不容易有偏見，是認知上的需要**，是人的幼兒降臨世間，爲了在短短數年之內要能認識天地萬物，發展出人的智力與語言，所不能不有的特質。

這個特質正好是人類愛的基礎。人類愛則爲人長成之後有了獨立自由，藉創造性的工作，以返回社會母體的動力。是這樣的邏輯，使兒童天生的心無偏見，與人類愛結合，與人的創造工作相互關聯，而**提升到**道德的層次。在讚揚兒童天生開放的心靈時，我們**仍不能同意**康德的實踐理性[7]，不能同意他企圖把某些道德當作先驗的，在出生之前便已安置於人的心中。兒童天生的開放心靈，應放回認知的層次上。但我們並不因此承認人有先驗的認知內容。兒

【6】見本書〈兒童心智的河床〉。

童天生開放而無偏見的心靈，只不過說明了：

—他來到世間
為他即將親臨的
生命之舞　鋪陳了
無邊無礙的舞台

這無邊無礙的舞台，則成了發展人類愛的基礎，由於心無既存偏見，小孩很容易接納不同國度、不同階級的人的境遇，把自己投射到陌生世界的人物身上，由此拓展自己的經驗，發展眞誠的人類愛。盧梭和高爾基，代表著近兩世紀的人道主義者。在他們的思想與著作中，超越階級與國界的人類愛，照映著不同世紀閃亮在人類心中的希望。

三十一、消除人的偏見

學校教育應致力於反省並消除人的偏見，延拓兒童開放的心靈，發展人類愛。這是學校教育對人類社會不能逃避的重要任務。

人類愛屬於人格教育，人格教育只能通過內在的發展，而不能經由外在的教導來實施。換句話說，人類愛不能用教的，不能用規格化的教材，輔以記誦、考試、訓誨、勸誡、宣導，甚至標語。外在的教導方式只會流於教條，使小孩順從或附合。行爲的順從與附合不能產生愛，更不會發展出人類愛。

人格教育，尤其是發展人類愛的人格教育只能通由知性教育來完成。給兒童廣闊的知識視野，引領兒童進入不同時空，不同國度，不同階級，不同種族中的人群，讓小孩的思想感情自然投射於這些人物的悲泣與歡欣，認同他們的境遇，小孩的心智與情感便會在這些知識與世事的薰陶中醞釀成熟。

事實上，這樣薰陶人類愛的結果，反過來啓發了兒童學習歷史地理，文學藝術甚至科學的心理動機。由於熟稔不同的時空不同境遇的人物，乃引發對人物登場的時空與背景想進一步了解的興趣，使人的知識觸角伸向更廣更深的領域去探索。看卡薩爾斯（Pablo Casals）的

《白鳥之歌》（Song of White Birds）會使人對大提琴深沉的聲韻及其流變，對西班牙內戰深刻的歷史意義，對中世紀基督教在卡塔洛尼亞（Catalonia）的樸實風格，興起深入探討的意念。讀水滸傳、讀紅樓夢則對中國社會的階級意識與忠孝節義，對封建規訓下掙扎顚沛的人間情義，對一般小民的生活哲學，對中國文字之美，對官宦人家在雕樑衣飾上所呈現的藝術水平，不自覺的感到接近。借助知性教育，在兒童心中將人類愛加以定影。而加以定影之後的人類愛，則使書中記載的知識，有了生氣，使那些早已沉寂的，或遠不可及的，人的文明活動又栩栩如生，躍然紙上，而爲深一層的知性教育鋪路。

三十二、知性與人格

知性教育與人格教育，應以這樣的辯證關係來實施。人格教育，即使是倡導人類愛的人格教育，都不能化約成訓誨式的教材來灌輸；透過知性教育，在兒童開放而無偏見的心靈之上，啓發兒童對人眞誠的同情，使兒童對人的文明珍惜與肯定。有了發自內心的同情與肯定，才會發自內心的對人的社會與人的文明，深入去批判與虔誠去傳承，拓展進一步的知性教育。

即使看來遠離人文社會，冷漠孤僻的人文研究都不能脫離人類愛。沒有人類愛，沒有文明傳承作爲心理背景的科學研究，使研究者淪爲人與人競爭功名的工具，使研究者陷入技術性的智力較量而痛苦不堪。二十世紀中葉以來，專業研究的這種傾向日益尖銳。科學研究作爲資本主義體系的一支，也步入後現代主義「文化工業」的沼澤，被茫茫一片不流動的死水吞噬。在後現代主義大夢正酣之時，科學研究者，逐一被安排在大型文化工業生產線的作業員崗位，以密集不斷的勞力，進行研究工作。

瑪麗．居禮（1867-1934，即波蘭物理學家居禮夫人，發現鐳並成功的抽離並加以測定。）有一段舊事。年輕的瑪妮雅（小名），在當時實證主義思潮的沖激下，偕同伴冒險加入「流動大學」。他們熱心汲取解剖學、自然科學與社會學的新知識，試圖了解達爾文、巴斯鐸、孔德與斯賓塞的思想。這樣的聚會在當時沙皇統治下的波蘭，是非法的，沙皇的警察隨時會出現在巷口，來逮捕這些知識青年。四十年後，瑪麗．居禮回憶那段時日的情景時寫道[8]：

—和那些被求知慾燃燒得滿臉通紅的年輕朋友聚會討論，迴盪著一種祕密而激情的氣氛，回想起來，仍恍如昨日。流動大學的教學活動雖然簡陋，成果亦不足觀，然而我們堅信，當時引領我們的思想，乃是改進社會的唯一出路。我們都明白：如果不著手改進個體，那麼美麗新世界只不過是幻影。我們都相信，每個人應該發揮自己最高的潛能，分擔自身在人類全體生活中的職責。

年輕時代的瑪麗·居禮因祖國波蘭的特殊命運，而對社會改革懷有較濃烈的熱情。她的回憶，多少亦透露了二十世紀初期科學工作者的科學研究與人類愛的牽連。

【7】【8】見本書〈人即目的〉及〈自然的子女〉。

人的本來面目

三十三、從人的發展與成長來了解人

我們正著手在探討兒童天生沒有偏見的特質，深入它的意涵。

兒童天生沒有國界、階級、種族、宗教、職業及性別的族群偏見。沒有偏見，看似平淡無奇，卻左右了兒童的心智發展，關係於人的文明創造，更指向世界永久和平的希望。

天生的心無偏見，是價值中立的。並不涉入人性本善抑或人性本惡這類無休無止的爭論。事實上，人本主義並不主張人性本善，亦不主張人性本惡。人本主義企圖超越這項爭論，從一個更直接的角度來切入問題。亦即從**人的個體需要來了解人**，尤其著重**人的成長與發展**，從人成長與發展上的需求來追尋人的本來面目。**兒童天生沒有偏見**，是人的本來面目，天生的沒有偏見使小孩能在出生之後短短數年之間，進入人類社會。因爲沒有偏見，兒童能與天地萬物相親。「沒有偏見」一事涵蘊著喜好異類，接近異類。喜好與接近異類是認知上的需要，人是在比較異同中學得知識，發展知識的。比較是一切知識的基礎，**不認識異類便發展不出知識**。

然而接近異類、喜好異類，甚至欣賞異類，卻是開放心靈的高尚氣質。這項高尚氣質在多數的大人身上，早因世故與偏見的污染而消逝無蹤。

將兒童天生沒有偏見的特質，借助知識加以定影，便是人類愛的教育，也就是人本教育。而所借助的知識的本質是什麼？拓廣個人成長與發展的有限體驗，讓一時一地的個人體驗與不同時空之下他人的體驗能相互印證，讓某一世代某一地域的人，能夠傳承並拓展世世代代人類共同體驗的結晶。事實上，人類共同體驗的結晶便造就了人的文明。

將這種意涵之下的知識本質加以呈現，使小孩在成長時，以自身的體驗與不同時空之下他人的體驗相結合，正好可以將人天生沒有偏見的特質**加以定影**，使小孩將自己的歡樂與悲傷，**投射到**歷史或遠方的人物身上，**投射到**不同階級不同族群的心靈。這是**無比可貴的**人類愛的基礎。

發展人類愛，是人格教育的極致，但人格教育的實施，不論何種水平的內容，都不能以外在的方式來教導，不能用規格化的教材來訓誨。任何外在的、規格化的教誨，**只能使學生**

順從或附合，而順從與附合無法產生眞正的愛，更發生不了人類愛。

把知性教育定位於拓廣與印證人的體驗，那麼人格教育便自然形成。此時發展人類愛則成了知性教育的自然結果。而耐人尋味的是，人類愛反過來又深化了兒童的學習背景，激發了人進一步理解世界的意念，爲知性教育的實施闢路開河。這是人格教育與知性教育相互辯證的內在機制。

三十四、可是地球確實在轉啊

前文我們引述瑪麗．居禮的回憶。一八八四年的波蘭青年爲了要理解當代思潮，熱情的鑽研科學知識，在帝俄沙皇警察的追捕下組成流動大學，四十年後瑪麗．居禮寫道：

——我們都堅信，當時引領我們的思想，乃是改進社會的唯一出路，我們不能祈望，不著手改進個體而能出現美麗新世界，為朝向這目標，我們每個人必須發揮自己最高的潛能，分擔自身在人類全體生活中的職責。

這是一位科學工作者的告白，是一位終身致力於放射能研究而死於白血症，爲人類全體的幸福嘔心瀝血，把自己的智慧與身軀耗用到極致，奉獻給全人類的科學工作者，向世人所做的告白。她研究科學的動力，是深沉的人類愛。

但不是所有重要的科學工作者，都把她的創造研究立足於人類愛。諾伯特．維納（Nobert Wiener）在他的童年自述一書：《昔日神童》（Exprodigy）中，仔細分析自己的成長過程[1]。維納早年是二十世紀有名的神童，後來在麻省理工學院一手建立起控制論。他的父親是語言學家，對他的童年以致於終生，有巨大的影響。他寫道：

> —維多利亞王朝中期的人任事的動力，多來自宗教與道德。雖然在我父親的個性中與他試圖帶引著我走的路途上，總帶著強烈的道德，可是我對科學的興趣，是以致力於真理，而不是服務於人類為出發點。

【1】Nobert Wiener, *Ex-Prodigy*，凡異出版社有中譯本《昔日神童》。

其實大多數眞正的科學工作者，都像維納這樣把求取眞理作爲科學研究的精神動力。但人爲求取眞理而從事創造，便已匯入人類的文明，共同參與宇宙的秩序，而不是純粹的疏離，孤立於世界之外。維納繼續寫道：

——為真理服務，雖然不是倫理學的任務，但對於科學工作者來說，它所呈現的卻是另一種道德義務。

就像伽利略被判刑之後，還堅持說：「可是地球確實在轉啊！」的情景，這時堅持眞理表現出來的是倫理學之外的最高道德。

三十五、越過國境

事實上，維納反覆比較約翰．斯圖爾特．米勒（1806-73, John Stuart Mill）的父親詹姆斯．米勒（1773-1836, James Mill）與他的父親，他認爲米勒父子是歷史上兩個偉大的人道主義者，而他

> —父親的學術研究也表現了幾乎同等深度的人道主義傾向。但是他們人道主義的根源不同，正如邊沁之異於托爾斯泰。米勒父子對人類的熱愛，是一種知識份子的感情，充滿高尚和正義，而父親的人道主義則來自托爾斯泰式的對人類深厚的同情，含有印度聖者的自我犧牲與慈悲。

無數從事科學、文學與藝術的創造工作者，都以他們自身體驗的不同方式，流露出不同程度的人類愛。愛因斯坦、雨果、梵谷、卡薩爾斯一長系列的名字，密密麻麻的書寫著人類愛與創造力之間的密切關係。

卡薩爾斯（Pablo Casals）[2]晚年口述他過去的旅行演奏時說：

> —無論在哪一國度、哪一城鎮，我從不覺得在異國。你越過國境，來到陌生的城市，與人們共享音樂之美，這時我確知我們是兄弟、是姊妹，我們超越了那幾個戰亂紛

[2] Pablo Casals, Joy and Sorrows（1973），新潮文庫有中譯本《白鳥之歌》。

爭的年代裡，硬生生的橫隔於國家之間的阻礙。這種人類一家的友愛，一直伴著我終生。

在回憶戰爭的荒謬時，他說：

—為了什麼要讓千百萬人被屠殺，讓千萬人饑餓流離？我自幼在巴塞隆納[3]就已意識到的關於人類苦難與反人道的困惑，一直縈迴心中。對我來說，一個幼童的生命比我所有的音樂還要有價值。但在瘋狂的戰爭中，似乎是音樂保持了我的神智。音樂在我心中，是人類之美——是的。但現在人類卻承受如此巨大的苦難與傷痛。我回想一世紀前，拿破崙的鐵蹄蹂躪整個歐洲，貝多芬在痛苦中堅持不懈，繼續創作他的音樂。也許在邪惡醜陋主宰人類命運的時刻，我們更應該珍視人類心中高貴的質素。戰爭時期，巴黎因仇視德國而盲目禁止日耳曼音樂。我則以為我們那時候更須要演奏巴哈、貝多芬與莫札特，因為它們是那樣豐沛的蘊涵著人類崇高的精神與真摯的人類愛。

人類愛是包含深愛著自己的愛，正如科學藝術的創作，跨越國界的同時，創作者仍深戀著自己生長的故土。人的認知發展是由近及遠，由自我而世界，由具體而抽象，由特殊而普遍。人的感情亦然，由自愛而人類愛。兒童的天生沒有偏見，正是這拓展過程的基礎。

三十六、人的本來面目

我們已用相當篇幅探討兒童的幾個創造特質：

—洞察複雜事物的特徵；

—以無畏無休的體驗，參與世間的秩序，換取最真實的知識；

—免於偏見的限制。

【3】Basalona，地中海西岸 Catalonia 的城市，卡薩爾斯的家鄉，屬西班牙管轄，Catalonia 本身有自己的語言與獨特的文化。

這些特質使人的幼兒來到人世之後數年，便從不如青蛙螞蟻的智力發展到萬物之靈的水平，這是充滿創造力學習的珍貴歷程，事實上也擬似人類這一物種從直立之後，歷經艱辛創造文明的整個過程。

這段早年成長的歷程，竟是大多數人一生最具創造力的階段。因爲人成長之後，進入文明，安逸於環境，並接受僵固社會組織的宰制，這些原始創造特質很快便萎縮而退化。

如果說人有所謂本來面目，那麼這類原始的創造特質便是人的本來面目。我們不能同意康德所主張的先驗的絕對理性與實踐理性[4]。前者指稱絕對眞理如空間時間的結構，先驗地預存於人的腦中。後者則謂至高無上的絕對道德與生俱來，相伴於人的心中。我們也看不出爲何喬姆斯基（Chomsky）[5]要堅持人類語言的普同設計是基於物種的進化，天生地安裝於幼童的遺傳程式之中。我們比皮亞傑的認知理論，多看到兒童有洞察複雜事物整體特徵的自然能力[6]，這種整體特徵的洞察力，須依賴於具體情境。皮亞傑探討的是人的分析能力，是以事物的不變性爲起點而開展的描述能力，這種描述性的分析能力，事實上便是文明能力，是反過來走出具體情境，運用分析特徵的抽象能力，而我們所看到的自然能力，則爲走回具體情境，**掌握整體特徵的能力**。幼兒學習語言，所使用的不是皮亞傑探討的文明能力，而是兒童在具體情境中掌握複雜事物整體特徵的能力。這種自然能力，正好說明了喬姆斯基把幼兒學習語言的能力，勉強推托給先天遺傳是多餘的，從而也解決了皮亞傑與喬姆斯基之間的著名爭論[7]。

人的本來面目，便是人成長發展的需求與因應需求而具有的原始創造特質。這裡沒有康德，也沒有喬姆斯基，沒有善，也沒有惡。一切都等待發展，一切都為了發展。世間萬物是發展出來的，人也是發展出來的；人與萬物的關係是發展出來的，人與人之間的關係也是發

【4】參見本書〈自然的子女〉。
【5】參見本書〈語言的迷思〉。
【6】參見本書〈鳥與飛機〉。
【7】楊茂秀《喬姆斯基與皮亞傑的世紀辯論》，載於《當代》第五十四卷十月號。

展出來的。這裡沒有先天的善惡之分，亦無先天的智愚之別。每一個人的幼兒所擁有的是無限珍貴的等待成長、等待發展的創造特質。這些創造特質開展了人與萬物之間，人與人之間生機無限、綿綿不斷的互動。人從洞察情境特徵，無畏無休的體驗，與喜好異類親近萬物，一步步認識自己，認識世界，發展自己，發展世界。

這樣素樸的面目，便是人的本來面目。而人本教育，則要回歸這素樸的面目，保存並發揮兒童原有的創造特質，使兒童在高度的自主性中，走入人類社會，爲人類文明注入富於創造的批判力與生命力。

天使之舞

三十七、存在先於本質

禪家和尚慧能初承衣鉢，連夜渡江南下，在途中爲神秀門人所獲，神秀門人問慧能：「佛法何求？」慧能的回答是：「還我本來面目。」

人的本來面目，到了康德、黑格爾、孔德以迄馬克思的手中，便衍化爲普通人性或人類本質。

——但什麼是人的本來面目，什麼是普遍人性或人類本質？

存在主義者不相信有所謂普遍人性，他們倡導的是**存在先於本質**。沙特（Jean Paul Sartre）[1]批評孔德（Auguste Comte）對人性的崇拜，他更藉「環遊世界八十小時」中小說主人翁所發出的一句讚嘆：「人眞偉大！」來闡釋他所持的進一步的觀點。主人翁的那聲讚嘆，是在他搭乘飛機翻越山嶺時所發出的。但沙特說：只因爲身爲人類的一份子，便可以因人類其他份子的重大發明而與有榮焉，這是荒謬的事。被視爲偉大的人，不能是**概括性的人**，因爲並沒有概括性的人，亦沒有上帝所創造的先驗的普遍人性或人類本質。每一個人都是實有的存在，每一個人**生下來便都被判定自由**，他通過一連串無可規避的選擇，創造出自己做為人的形象，也刻劃出人類眾多形象的一個面向。每一個人要為自己的選擇與行動負責，為自己在創造人類眾多形象而承擔重任。同時由於人的形象，**並不預存於上帝的設計之中**，因此**人生來便被遺棄**，猶如被逐出伊甸園的亞當夏娃一樣，人要自己去創造自己的形象。所以相伴於人的自由的，是痛苦。但這種痛苦卻是人積極行動的要件，它不使人頹廢而悲觀，相反的卻帶來人的嚴肅與樂觀。

這便是存在主義所蘊涵的人本主義，也是存在先於本質的要義。人面對的是自己的超越存在，而不是反求諸己。沙特指出：

——人必須不斷超越自己去尋求解放，才能領悟自己是真正的人。

【1】沙特（Jean Paul Sartre）：Existentialism and Humanism，中譯本收錄於張靜二譯：《沙特隨筆》（Literary and Philosophical Essays），志文出版社。

存在主義甚至不承認康德所主張的「人即目的」，因為「人還有待被決定」。但捨棄「人即目的」的主張，爲的是邏輯上的理由。存在主義改用另一種方式，即用「存在先於本質」的宣示，把人從上帝的指令中，從先驗的道德規範中，釋放出來。

「存在先於本質」的一種詮釋是：**特殊先於普通，具體先於抽象**。有了個體的存在，才形成人類的普遍形象，而不是像聖經所說上帝依自己的形象造人，上帝依心中既定的人的本質塑造出人的存在。

我們贊同存在主義對於「存在先於本質」的主張，這一主張實質上是蘊涵於我們所主張之「特殊先於普遍，具體先於抽象」的較高原則中，而後者卻是自然界的基本法則。就像先有三頭牛、三個人、三顆樹、三個石頭才有「3」，先有日、月、車輪才有「圓」一樣。自然原本是以**眾多個體的實有與其特殊性**在**體現**普遍的法則。而在人的世界裡，當人的社會在形成，人需要藉助普遍形式的掌握才能經營文明（例如計數及曆法），同時人的社會組織又須透過形式的統一來維持其體系的秩序（例如發展神權以爲君權的基礎，及發展嚴謹甚或嚴苛的法典），因此世間具體事物的特殊，尤其是人的特殊存在，便被吞噬於普遍的法則與秩序之中。如果說自然也有本來面目，那麼自然的本來面目便是特殊先於普遍，具體先於抽象。是人的文明發展掩蓋了自然的本來面目。存在主義之強調存在先於本質，使人個體的特殊性再度凸顯，事實上只是恢復了自然的本來面目。而人孕育於自然，相應的，人個體的位置便也在歷史的塵埃中浮現上來。恢復了自然的本來面目，便蘊涵著恢復人的本來面目。這是存在主義與人本主義兩者之間的紐帶關係。

三十八、在實踐中定位人即目的

如果要準確的界定，那麼人的本來面目是什麼？存在主義沒有給予解答，有的話也只是旁白。這旁白是：人生來便被判定的自由。禪宗也不正面答覆什麼是人的本來面目，答覆本身便使得「言語道斷」，不像禪家。如果一定要追究，那麼禪的回話卻是套套邏輯式的（tautological）說辭：人的本來面目便是佛性。所以慧能被神秀門人問及「佛法何求？」時，他的回答是：「還我本來面目」，因爲本來面目便是佛性。但什麼又是佛性？佛也只有拈花微笑。

其他的佛學與宗教流派，則在人的本來面目上舖陳各種道德與價值，反映的都是歷史某一階段某一社會中世俗的特別需求，找不到較本質的意義。

至於人本主義的觀點：人如果有本來面目，那麼人的本來面目，便是人要成長、要發展的原始創造特質[2]。這些原始創造特質，是人類這一物種經長年演化，遺留在人幼兒身上的痕跡，同時也是人的幼兒藉以飛躍發展，於數年之間蛻變為萬物之靈中一員的基礎。可是這些構成人本來面目的原始創造特質是靜態的，只有透過實踐，透過發展，透過他與世間萬物之間綿綿不斷的互動，它們才變得具體，人也才變成了眞正的人。

換句話說，人是發展出來的。人與人之間，人與世界萬物之間的關係都是發展出來的，人的心智、性情、道德與美感也都是發展出來的。而發展的情狀則植根於人的原始創造特質，這使得原本價值中立的「人的本來面目」成為人發展成長的沃土。在繼續探索之前，我們回顧來時的路。我們從「人即目的」為起點，走入人稟承於自然的原始創造特質，後者便是人的本來面目，這些原始創造特質反映的是人要發展的需求。根據這樣的論述，我們開始從思想解放出發，去探討有利於人發展的條件。

但在進一步探討思想解放之前，我們檢視「人即目的」的基礎。如上所述，存在哲學捨棄了「人即目的，不是工具」的正當性，爲的是要走出啓蒙運動時期天眞而靜態的唯心主義，走出康德的灰影，甚至避免陷入新的道德教條與專斷，遂拒絕把概括性的人作爲一切的最高價值。可是這並不表示存在哲學同意人是工具，不是目的。相反的，它是以動態的「人被判定自由」，來宣示它的人本精神。人必須在不斷選擇，不斷行動，不斷創造中超越，才顯現人的存在，所以存在主義實質上把「人即目的」的主張溶入人的主體性，人的超越性與人的存在之中。

在二十世紀後葉，我們已卸下啓蒙時期以及存在主義萌芽時期所背負的歷史包袱，在那些時期裡君權與宗教思想仍宰制著人的文化。今日我們可以逕行撿回「人即目的」的主張，作爲人本哲學的基礎。但我們強調「人即目的」之時，不必宣示性地將人作爲一切的最高價值來規範世界。我們只在「人希望自己是目的，而不願意淪爲工具」的情況下，重申「人即

【2】參見本書前文。

目的」的主張，而在這樣的主張中，辯證的批判集體對個體的宰制，反省文明與自然的依存與對立。與其把「人即目的」作爲最高價值，作爲不容懷疑的教義，我們寧願視它爲最低綱領，把它放回實踐之中，放回人與人，人與世界綿綿互動的發展關係中去加以定位。

三十九、免於偏見與思想解放

思想解放，是人首要的發展條件，也是實踐「人即目的」的唯一出路。

如前所述，免於偏見是人的原始創造特質。人的幼兒因爲沒有預存的偏見，使得他能親近萬物，能飛躍地消化知識。偏見是人發展的障礙。禪家沒有回答什麼是人的本來面目，便是要破除人的定見。破除人的定見，其實是禪宗思想的價值所在。思想的徹底解放是人求得最大發展的有利背景。在人的幼兒成長的過程中，如果不太早教導或灌輸大人社會既定的成見，會有利於小孩心智的快速發展。教育者施與小孩的，主要是提供生機盎然、變化萬千的環境。但小孩正在一步步走入文明。文明社會中有許多現成的價值。小孩透過學習與生活，自然會養成他附合這些現成價值的既有觀點與態度，這些觀點與態度隨著年歲增長逐漸在小孩的心中定型。這時候，思想的解放則有利於他的再發展。

換句話說，人到了適應文明的年齡，對於早年學到的種種價值、種種觀點態度，應該進行全面而徹底的檢驗。對於已接受的世俗規範、國家或宗教意識、群己界限以及取得知識的方法與態度，應行完全粉碎，從事根本性的質疑，然後重新建構一套含有主體性的新價值觀，這是自由主義的懷疑精神。

經過解放的心靈，會激起人另一層次的創造力，猶如回到他的祖先面對蠻荒森林時的警覺，回到他初生時面對陌生世界時的敏銳。

四十、昆德拉與附合主義

要思想解放，先要對抗的是附合主義（conformism）。米蘭・昆德拉在其名著《生命中不能承受之輕》[3]談的就是人的附合與媚俗。他寫道：

—我小的時候，曾翻閱專給孩子們看的那種舊約全書。書上有多雷的木刻插圖：我看見上帝站在雲上，是個有鼻有眼還長了鬍鬚的老人。我總是想，如果他有嘴，就得

> 吃東西，如果他吃東西，就得有腸子。這種想法總使我害怕。儘管我出生於不太虔信宗教的家庭，我感到有關神的腸子（於是就會排泄）的念頭是在褻瀆神明。可是我自然會懷疑基督教人類學中的基本論點。也就是說，人是按照上帝的形象造的嗎？二者必居其一：如果人真是按照上帝的形象造的，上帝就得有腸子，如果上帝沒有腸子，人就不是依上帝的形象造的。

然後米蘭．昆德拉又寫道：但早在第二世紀的諾斯替教派大師瓦倫廷，卻解決了這兩難的問題，聲稱上帝能吃能喝，但不排便。瓦倫廷的辯護不重要，重要的是大多數人不會產生昆德拉的問題，其原因不只是由於信仰宗教，**也由於附合世俗**。

不論是**世俗的**（高貴、誠實、和諧、幸福），**宗教的**（佛教、天主教、新教、猶太教的），或**政治的**（共產主義、資本主義、法西斯主義、民主主義的）規範，甚至是平等、博愛、自由、正義的人類愛理想，也都佈滿了人難以抗拒的媚俗與附合的陷阱。昆德拉藉著爲柬埔寨人民醫療服務的偉大而人道的**柬埔寨進軍**，來刻劃知識份子的媚俗[4]。（同時也是另一種附合主義者才會把這本書看成是捷克在蘇聯坦克佔領下的傷痕文學。）書中要批判的，正是人更根本的附合主義。他說：

——媚俗引起兩種相互關聯的淚流：第一種眼淚說：看見孩子們在草地上奔跑，多好啊！第二種眼淚說：和所有的人類在一起，為孩子們在草地上奔跑而感動，多好啊！第二種眼淚使媚俗更媚俗。

在《笑忘書》[5]中，昆德拉用一段話描述第一種眼淚。

——你一定熟悉二流電影裡的一段戲，在這場戲裡，一男一女牽著手，蹦蹦跳跳地跑過春天的草地。他們跑啊，跑啊，跑啊，他們笑啊笑，這對戀人的笑，就是要告訴全世界：「你們看，我們多快樂，活得多高興，我們和生命之鍊是多麼和諧！」那是一幕很無

---

[3] 米蘭．昆德拉（Milan Kundera）：The Unbearable Lightness of Being（1984），中譯本譯者韓少功、韓剛，時報文化出版社。

[4] 與[3]同書，中譯本頁二六九至三〇四。

[5] Milan Kundera：*The Book of Laughter and Forgetting*（1976）。第三部天使，節二，中譯本譯者呂嘉行，林白出版社。

聊造作的戲，但它確實道出人類最根本的情境：「嚴肅的笑，超越玩笑的笑。」

—所有教會，所有內衣褲製造商，所有將軍們，所有政黨都有相同的笑；他們都用那般幸福地笑著的戀人形象，為他們的宗教、產品、政治意志，為他們的民族，為他們的性，為他們的洗碗精作廣告。

這是因爲看戲的觀眾流著第一種眼淚，不曾從第一種歌頌和諧幸福的附合主義中掙脫出來。至於第二種使媚俗更媚俗的眼淚，昆德拉的描述更深刻：

—圍成一圈跳舞是很奇妙的感覺，它從千年之久人類記憶的深處傳話給我們。在旋律中，閃爍著火焰，人們像天使一般的跳舞。手牽手，肩並肩，一起在原地踏兩步，一步向前，抬起一腿，然後再抬起另一腿。又退後一步，在原地踏兩步，一步向前，抬起一腿，然後抬起另一腿……。

附合主義使人在幻象中擁抱國家、宗教、種族、階級及世俗的規範與價值，在表面幸福和諧的追求中擁抱刀槍與砲火，而最眞實最深刻的人的歷史，卻在圍成巨大圓圈的天使之舞中變得迷離，變得模糊，在原地踏兩步，一步向前，抬起一腿，又抬起另一腿的無知的微笑中消失。

世界的靈魂

四十一、人類本性與人的異化

我們已經談到人本主義者對人本來面目的看法。人如果有本來面目，那麼**人的本來面目，便是**人的原始創造特質，與人將這些特質落實於世界，而與世界互動發展的需求。

換句話說，人是發展出來的。人在自然與在社會中的定位，人的意識型態，人的心智美感與道德，無一不是透過人與世間萬物綿綿不斷的互動中發展出來的。人如果有先驗的本性，那本性便是人的原始創造特質與實踐這些特質以求得成長、求得發展的內在需求。於是我們依據人的原始創造特質，開始探討思想解放如何列為人成長與發展的首要條件。

思想解放呼應著孩童先天免於偏見的原始創造特質。由於人的幼兒沒有預存的偏見，使他能親近世間萬物，無拘無礙，使他能飛躍地汲取知識，幾年之內發展出作為萬物之靈的心智。

可是當歲月增長，當他成為萬物之靈的一員時，他開始為文明的既定秩序所規範。由於他很快要長大而適應大人社會，由於他對大人世界是如此嚮往，更由於他是如此幼小與無助，大人站在他面前彷彿是山一般的巨人，孩童在來不及參與大人世界之前，已經認同大人世界的秩序，**寬諒大人世界俯拾即是的矛盾與錯誤**，並在認同與寬諒中，失去了他天生敏銳的警覺與批判力。

接受大人世界既有的規範與價值，使孩童在成長之後更安適地進入文明，並爲大人世界所禮遇。這是附合主義的背景。質疑與異議，需要敏感與勇氣，但敏感與勇氣的原始創造特質此時已隨著童年一起消逝。

同時消逝的事實上是人深層的創造力，是用來注入人類社會的新生命。所以說，人要在他所賴以依存的文明社會中，求得生機與求取發展，首要條件是思想解放，是跨越附合主義的、徹底的思想解放。

思想解放意味著對既存價值的根本質疑。當人成長到進入青年期，需要將以前習得的價值體系加以粉碎，積極參與世間秩序，重新檢視自己被模塑的每一寸意識——宗教的、國家的、道德的、生活的，一步步建立起含有主體性的新世界觀。這時人面對的不是安全舒適、廳房皆備的廣廈，而是傳統價值的斷垣殘壁。人亟待搭蓋的是經自立重新組合與建構的樑棟簷牆。像人的幼兒曾面對陌生，像人的祖先曾面對荒漠，此時人的內心又激起了新的創造力，發展了敏銳的批判力。

世間的秩序是通過建構與解構，再建構與再解構，這樣辯證不斷的過程在發展。大自然如此，人類社會如此，人的思想本身亦復如此。這樣的發展過程並非周而復始的循環，也不是由超自然的意志主導者，一步步指向幸福的天國或世界的末日。**發展是世界的本質**，更是地球上的世界的本質。發展沒有預設的價值與目的，它不指向主觀的至善或至惡。**發展的加總**便是**發展的指向**。但這一指向，若要有利於每一個體的發展，發展中的每一個體必須**具有主體性**。這是世間事物發展的最低也是最高的原則。對於人與人類社會的發展而言，人本身，或說人的個體，才是發展過程的主體。人有了主體性，才能認識自身在世界中的位置，從利害的考量，理性的反思與修正中去推動有利於發展的事，而不斷的解構正爲了要保有人的主體性。

人主體性的喪失，是因人在結構中的異化。例如：異化於嚴酷的社會組織，異化於虛幻的上帝樂園之中。由於我們所指出的人之本來面目或人類本性，是人的原始創造特質，以及他與世界之間的互動關係，我們可以比黑格爾或馬克斯的時代，更明確地界定異化的概念。原來**異化指的是人**類本性的客體化。但在此之前人類本性並未有清晰具體的定義，至於在我們的文本中，人的異化則意味著**人的創造特質及人干擾世界秩序與世界綿綿互動之主體性的消失**。當人接受既定的國家意識或宗教意識，而未加以質疑與檢視，未通過自身的參與及體驗，他便置身於國家支配或上帝保護的幻象之中。他之接受國家或認識上帝，不像他早年之接受重力的概念，曾歷經無數次的跌倒與體驗，也不像他之認識兒時友伴，有過無數次打架與嬉戲。他之所以相信國家與上帝，只因大人世界相信它們，尊崇它們。不經體驗與質疑便依附於國家與上帝，使人躲入庇護之所。人原本面對陌生世界時敏銳、無畏與自主的創造特質便消失，更且異化了。

四十二、看國旗升起

前文我們引用米蘭．昆德拉[1]所描繪的天使之舞，來說明附合主義的兩種層次。這兩種

【1】Milan Kundera: The Book of Laughter and Forgetting（1976），中譯名《笑忘書》，譯者呂嘉行，林白出版社。

層次就是他所說的兩種淚流。第一種層次來自人對和諧幸福的假象，由這假象衍伸出來的教訓，便是人對於既定社會秩序的認同。從中國的堯舜禹湯之治、西方上帝的伊甸園，到共產主義的各取所需、資本主義的自由民主，無一不在爲這種幸福畫面作廣告。用昆德拉的語言，這畫面的廣告是：

—看見孩子們在草地上奔跑，多好啊！

事實上，人類社會有了文明之後，從未出現過如此幸福的圖景：所有的孩子們，不分性別、種族、階級、宗教，都如此無憂無慮的在碧綠如茵的草地上奔跑，如此豐衣足食快樂幸福的長大。廣告混淆了實際與理想，製造了人的幻象，暗示著現有體制即爲安和樂利，或至少正指向那幸福的畫面。任何對社會既存秩序的質疑與異議，都會被指責爲危及安和樂利的社會，破壞這一畫面。（試看看美國總統喬治·布希在一九九一年發動美伊戰爭的時刻，出現在全世界電視報導上的是：布希每走入群眾，便順手擁抱嬰兒，親吻兒童。正是這種諷刺的畫面在製造人的幻象。）

附合幸福的畫面，固然是因人內心對幸福有所嚮往，但更深層的理由是：附合便是一種表態，是附合者向社會捐輸他的善良，甚至宣示他對集體的忠誠。一個不因看到孩童幸福地在草地上追逐奔跑而感動淚流的人，不可能有一顆善良的心，異議者其心必異。質疑世俗的規範與道德，質疑國家與宗教的權威，在許多世代裡是要付出生命的代價，留下斑斑血淚。即使在二十世紀末的現代世界，仍爲萬般艱苦的功業。

附合主義事實上是爲集體主義舖路。昆德拉所提的第二種層次的附合，亦即第二種眼淚是：

——和所有人類在一起，為孩子們在草地上奔跑而感動，多好啊！

這第二種眼淚，召來的便是集體主義。所以昆德拉說它比媚俗更媚俗。

當國旗象徵一國國民的幸福，當千百人站在一起，感動地在音樂聲中注視國旗冉冉升起，流的便是這第二種眼淚。

是這第二種眼淚召來集體主義、愛國主義以及人類的苦難與戰禍，使人陷入集體意識的深淵，變成國家或宗教的工具；使人天生獨特的存在，原始的創造力與生機無限的主體性，殞喪於祈禱聲、軍樂聲與戰火漫天的槍礮聲中。

樹立美好崇高的虛幻目標，高呼要千萬人齊力以赴，這看來是理想主義，實則是把庸碌的附合主義者進一步推入統治階級的手中。原來是對人間幸福的虛幻嚮往，僅一紙之隔卻變成集體的仇恨、戰爭與殺戮。這好似一紙之隔的一夕之變，會剪接得那麼自然，是因人失去主體性，因人的思想經過建構之後未經過解構。失去批判力的人，容易不由自主的淪爲既定意識型態的工具。

昆德拉的天使之舞，描述的正是這般一起陶醉於虛幻幸福的人們。這幅圖景兼含人對幸福的嚮往與集體對人的宰制。我們不妨再予引述：

—圍成一圈跳舞是很奇妙的感覺，它從千年之久人類記憶的深處傳話給我們。在旋律中閃爍著火焰，人們像天使一般的跳舞。手拉著手一起在原地踏兩步，一步向前抬起一腿，然後再抬起另一腿。又退後一步在原地踏兩步，一步向前抬起一腿，又抬起另一腿……。

千年之前，部落族人的舞是爲了慶祝一季的豐收，爲已成的事實狂歡作樂。千年之後天使之舞則因未來虛幻的幸福陶醉，千百雙眼睛在神秘詭譎的火焰後閃爍淚光。人類遠古的記憶，在千年之久的時光隧道中已經變形，變成集體主義的讚頌詩。

四十三、黑格爾的國家精神

人的歷史並不按照種種預先設計的理想圖景前進。這也是黑格爾之敏銳於康德，看到康德主觀「觀念論」的局限時，所持的理由。康德提倡永遠不變的先驗理性，提倡人即目的，提倡理性力量可以導致世界永久和平。依黑格爾的辯證觀點，康德的觀念論給我們的不過是一種反省的哲學，而非實體的哲學。

黑格爾沒有從人類社會的理想圖景去導出集體主義，因爲他反對主觀的觀念論。但他的歷史主義卻使他想在歷史事件中去尋找他所謂的**世界精神**，把世界精神**體現在**國家領域之中，從而導出國家主義的絕對權威。他在希臘城邦的政治中看到人類共同體。他認爲個人在這種後來發展爲國家的人類共同體中找到歸宿。國家是屬於客觀精神的有限領域。但在辯證過程中，這屬於客觀精神的國家領域爲絕對精神所超越，而絕對精神則以藝術、宗教與哲學發展並呈現它自身。因此個人得以在國家之中找到人類本性的統一。國家是個人眞正的家，而不是強加於個人的外在力量。他說：

——國家精神是存在的實體，在特質上它具有客觀現實與自我意識。由於這種特質，它是有限的。在國家與別國的辯證關係中呈現出的國家命運與功業，便是國家精神有限特質的體現。同時在這辯證過程中，世界精神則塑造了自己。國家擁有一切最高的權利，並且在世界歷史中運用它的權利於較低層次的精神上。【2】

黑格爾認爲個人與國家不一致，理由之一是猶太基督的影響。因爲相對於國家領域之有限，上帝則給人以無限的可能，使人認爲地上城民遠次於天上居民。把有限與無限結合起來，以恢復希臘城邦政治中所展示的人類本性的統一，是人類歷史的目標。然後黑格爾比他所批評康德的主觀觀念論更主觀的斷言：

—世界精神，邁開大步前進，將它身負的特殊使命中的工作，分攤給人們。因此在普遍的歷史中，一些國家輪流（也只輪到一次）擔任世界的統治者。【3】

於是在一八〇六年拿破崙擊敗普魯士軍隊攻進耶拿（Jena）時，黑格爾歡頌：「我看到了皇帝，這個世界的靈魂，策馬走過街道。」而當一八一五年拿破崙被放逐，普魯士國家力量如日中天時，世界的靈魂便換到普魯士。此時黑格爾則宣稱普魯士的國家是「建立在智慧的基礎上」。

這是國家主義最牢固最精心構築的哲學基礎，是黑格爾一手結合唯物本質的辯證法與唯心的世界精神所生下來的怪胎。卡西勒（Ernst Cassirer）在《國家的神話》（The Myth of the State）一書中說：在黑格爾之前，從沒有一位像他那樣等級的哲學家說過類似的話。在十九世紀開始的十年裡，國家主義的理念崛起，這是政治思想史上的一件大事，一件孕育了可怕後果，帶來日後世界大戰與人類浩劫的大事。因爲有一個倫理學和權利哲學的嚴密體系在支持這冷酷無情的絕對權力。[4]

事實上，黑格爾的國家神話在他所建立的辯證哲學體系中正好是一個諷刺。於《歷史哲學研究》中，黑格爾自己寫道：

【2】黑格爾：《權力哲學研究》，G. W. F.Hegels: Philosophy of Right, trans. By S. W. Dyde, London G. Bell & Sons（1896）pp.341

【3】同【2】，pp343。

【4】Ernst Cassirer: The Myth of the State，中譯本譯名《國家的神話》，譯者陳衛平、黃漢青，遠景出版社，一九八三年。

——哲學就是它那個時代裡人類思想的解悟。幻想有任何哲學能超越它當時的世界，就如同幻想有人能跳脫他的時代或飛躍愛情海一樣愚蠢。[5]

黑格爾的國家主義亦沒有超越他自己所屬的時代。它反映的只是十九世紀初歐洲的歷史與經濟的內因。爲了託付他的世界精神，黑格爾從上帝無限的國度中走出，卻將它寄放於有限的國家領域。只爲了擺脫啓蒙運動中過份天眞的主觀觀念論，只爲了完成他從上帝到國家，從無限到有限，從絕對精神到現實力量的演繹體系，他建構了國家主義於虛假的哲學基礎上。黑格爾的演繹哲學，並沒有在眞實世界裡證明了國家主義的正當性。他的國家精神論，不是他所要捨棄的反省哲學，亦不是他所想達成的實體哲學，而只是附合於國家現實權力的演繹哲學。

【5】黑格爾《歷史哲學研究論文集》，trans. by Sibree, new ed., London, G. Bell & Sons（1900）。

聖誕節的煙火

我們正在探討思想解放的涵義。思想解放是使人回復到人的幼兒時期，回溯到人類祖先的拓荒世界，而再度展現充沛創造力的首要條件。

人爲了通過自然嚴酷的試煉，把未知與無限歸諸神，歸諸上帝。又爲了在試煉中求得生存，求得生活效率與安全，開始經營社會組織。社會組織一步步發展的結果，便成爲嚴密的近代國家。人爲了需要，崇拜上帝，組織國家，可是虛假的上帝意旨與冷酷的國家意志，反過來征服了人。

站在人的發展立場上，探討人的思想解放，我們討論人從上帝及國家的蒙蔽，從生產體制及意識型態的支配中解放出來的意義。

四十四、國家機器

上文我們談到黑格爾的國家哲學給予近代的國家主義以最精心最牢固的哲學基礎，我們亦指出他的國家哲學不過反映了十九世紀歐洲近代國家形成時的歷史背景與經濟內因。黑格爾國家精神論中的主要論點，在於把天上代表無限的上帝意旨，落實於地上有限世界的國家權力。事實上他所完成的，既非他所鄙視的反省哲學，也不是他想做到的實體哲學，而是附合於政治現實的演繹哲學。

關於黑格爾的整個哲學體系是進步還是保守，一個世紀以來爭議迭起，但它對歐洲近代思想界的發展至深且廣，則不容置疑。也因此我們不厭其煩地要深入黑格爾的思想。但我們不在本文對它做整體評價。只在相關的問題上作些探討。在我們看來，黑格爾的思想是進步與保守互見。即使代表著他最保守一面的國家哲學，仍然有他進步的一面。

在黑格爾體系中，國家雖為客觀精神的領域，但此一領域卻為「絕對理念」所超越，而絕對理念則在藝術、宗教與哲學中發展理念自身，因此藝術、宗教與哲學本身便是目的，國家不能把他們視為工具，他說：

> —國家所能達到的最高目標，便是藝術與科學之教化，使它們高度契合於人們的內心。那是國家的主要目的，唯此項工作並非自外於國家的一個要求，相反的它是源自國家本身的內在目的。[1]

換句話說，藝術、宗教與哲學（含科學）的獨立發展，正是國家自身的目的。這一觀點與近代國家把這些文化生活的內容置於國家之下，**使之附從於國家權力，是不相同的**。所以說黑格爾保守的國家精神論仍有其進步的一面。

黑格爾承繼啓蒙運動的思路，把理性（reason）與自由（freedom）視爲雙生子，相伴發展。可是理性主義落在黑格爾身上，卻偏離啓蒙時期的自然面目，而發展成國家理性主義。依黑格爾看來，國家是理性的極致，猶如他心目中的希臘城邦政治象徵著完美的理性，而自由則在理性之內由公民、由從屬於國家的團體進行。事實上黑格爾在強調國家理性的同時，**亦強調人的自主性**。在〈德國法制〉論文中[2]他主張：在國家權力不受挑戰的條件下，鼓勵個人自主地參與國家普遍事物，他說：

> ——國家內部絕大部分社會設施都是相應於每一特定範圍的需要，經由公民自由行動所創辦的，它們的存在必須依賴這種自由，最高權力不該心懷疑忌去干擾這種自由……。可是在新近已部分實踐的國家理論中，卻有一種根本成見：認為國家是一部機器，全由一根發條把動力輸送到眾多齒輪，而把一切本質上應屬社會設施

的，都應歸由國家權力來節制監督與領導施令。

不論後來思想界對他的評價有無定論，黑格爾確曾**小心翼翼地**在維持國家權力的理性基礎上，試圖保護自由、發展個人的自主。但將近兩個世紀過去，他的國家精神在政治實踐上只變成由一根發條傳送動力的國家機器。兩個世紀以來，國家這樣的政治體制，已與大企業及軍事力量完成最緊密的結合，在管理技術與科學技術無條件的支助下，快速發展成遠在人任何經驗之外，卻具超強吸力的宇宙黑洞。自黑格爾以來，由國家主義引發的戰爭一次次地上演著人類不能抗拒的悲劇。到二十世紀九〇年代爲億萬人凱歌歡頌的波斯灣戰爭，事實上揭示的是人已處在宇宙黑洞的洞口。陪伴著人的理性與自由，一起葬送的，將是人類整部的

【1】Ernst Cassirer: *The Myth of the State*，中譯本譯名《國家的神話》，譯者陳衛平、黃漢青，遠景出版社，一九八三年。

【2】黑格爾〈德國法制〉之中譯文收錄於《黑格爾政治著作選》中。

文明。

四十五、擦拭人的腳印

由於波斯灣戰爭標誌著二十世紀超級國家權力的形成，標誌著人反省條件的流失，我們有必要從人本哲學的角度，批判它的世俗意義。

波斯灣軍樂的凱歌，宣告了二十世紀最後一個年代保守勢力的復起與國家主義的抬頭，好像隔著兩個世紀在嘲弄康德，嘲弄他主張人即目的，歡呼世界永久和平之時的一派天眞。兩個世紀中，人類的生產力大幅提高了，但人類的思想沒有進步；十幾萬人的生命眨眼之間在砲火中化爲塵土，卻遠不及新聞電視中凱旋英雄的手勢搶眼。自康德永久和平的祈願之後，馬克思犀利的分析，沙特侃侃的談話，卡薩爾斯深沈的琴韻，法蘭克福學派敏銳的批判，越戰的血淚，八〇年代人民力量的展現，好像是人類早已被擦拭的記憶，在波斯灣戰爭的凱歌中沒有人再去想起它們曾經衝激過多少世人的心。

正如過去兩個世紀人類的沈思與反省，在波斯灣風雲中不留下一點痕跡，波斯灣戰爭本身最深刻的意義，便是人被剝奪反省，便是人在軍事科技的精密支援與新聞媒體的全面封鎖下，看不到自己行動的後果，無法從回饋中檢視自己行動的對錯，沒有機會反省並重新調整自己的作爲。

這是人本主義者所面臨的最大難題。雖然人本主義亦肯定康德所主張的人即目的，但所肯定的，不是靜態的「人即目的」這種宣示性的主張，而是動態的人的解放，讓人自主的發展，從而建立起人的世界秩序。但人自主發展的先決條件是，人有參與社會秩序的自由，從參與、回饋、反省，到再參與、再回饋、再反省，這樣與世界綿綿不斷的互動過程中，去認識自己、認識世界，去建立自己對世界的新價值觀。

回饋與反省是上述發展過程中，絕對必要的環節。波斯灣戰爭卻刪除了這必要的環節。平常一名兇手殺了人，看到被害者因痛苦而扭曲的臉孔，看到被害者的身形倒下，這是他的行動起碼的回饋[3]。被害者死亡前的形象烙印在兇手的心中，或多或少會對兇手日後的行爲起作用。良心的譴責，白天的恐懼，夜裡的夢魘，或自首或終生不再拿兇器，甚或反過來變得冷血以致殺人不眨眼，都是因有回饋才產生的效應。假如兇手在控制室按鈕便可殺人於千里之外，假如幾十億人在媒體全面封鎖下，從電視畫面上看到的只是令人嘆爲觀止的高科技飛彈追逐，而看不到成千上萬被殺害者死亡的現場，那麼這些回饋的效應是不會有的。每一次按鈕殺人之前，兇手都與上一次的情況無異，他**只單純地重複一項動作**。每一次殘酷的戰爭在從事集體屠殺時，全球各地的電視觀眾都只顧爲高科技的神奇喝采。一旦沒有回饋與反省，這世界便不再發展，人的生命也不成其爲生命。

人的道德不是來自至善的上帝，也不是來自哲學家如康德所主張的屬於先驗的實踐理性，而是來自**人與世界的互動**。人類歷史新舊道德不斷的更迭，正說明了是這樣的互動建立起人的道德。但人與世界的互動，不只包含人的參與，更要有**世界的回饋與人的反省**。刪除回饋與反省，便只剩下單向的被捲入外在世界，而不成爲人與世界雙向的互動。單向的捲入，必然流於單調而萎縮，終至停頓。

同樣人的智慧，我們也早詳述過不是來自至能的上帝，或來自康德所說先驗的純粹理性，而是來自人與世界的互動，這點我們在此之前已費頗多的篇幅去論述。許多在後資本主義時期高度發達的商品，亦阻隔了這項人與世界的互動。孩童在電子錶、積體電路組成的電氣用品所圍繞的消費環境中長大，他所接受到的啓發，不如瞪著掛鐘，好奇的撥弄彈簧與鐘擺，來得長遠，更不如聽著收音機傳來遠方的聲音，忍不住打開殼蓋去了解電容器、眞空管每一零件的功能與原理，並重新加以拼組，來得深刻。原因是高度發達的科技產品，已累積了許多自然的祕密。爲了消費的便利，**把這些自然的祕密凝縮，一併安裝在不能分割的黑箱似的單元**，如積體電路中，使人無法拆解。壞了不能修也無從修起，只有整片丟棄。個人能做的只是套換單元，所扮演的不過是加工廠從業員的角色。這個過程，沒有透露出知識，人只能把一個黑箱套換到另一個黑箱，他無法穿透黑箱，領悟黑箱中蘊涵的文明結晶與自然精心的祕密。但身歷其境，了解並由衷讚羨前人在文明發達過程中所留下來的腳印，可使人溶入文明開創的活動中，不只有助於智慧的啓發，更是最好的潛移默化的德性教育。這也是前文我

【3】楊別，中國時報人間副刊一九九一年三月份亦寫過短文，提出類似的觀點。

們曾主張的藉知性教育來完成德性教育，遠比直接宣導德性教育來得眞實的理由。

對於後資本主義一手主導的消費經濟，我們雖有若干批判，但人本主義並不是反科學、反現代化式的自然主義。相反的，對於二十世紀法蘭克福學派反對科學主義或實證論的批判理論，我們並不盡贊同，所持的理由將在後文中，詳加討論。

四十六、停頓的歷史

人的美感，人的藝術，也一樣是在人與世界的互動中孕育而發展。在西方有一度是，伊甸園與聖經故事的宗教藝術完全佔據了藝術家的心靈，直到十五世紀文藝復興，人文主義興起，一步步上帝才把藝術還給了人。與人的道德智慧相同，人的美感亦不是先驗的，而是來自人與世界的互動，藝術創作則爲人將他與世界互動中所累積起來的情感，透過自己與世界再互動的形式，展現出來的果實。藝術家必須以自己所處世界的特殊性，去表達普遍人性。從特殊性的深刻描繪，**去展現普遍性的不朽，正是不朽的藝術工作的本質**。因此，多樣化的世界，是藝術的母體。

人類多樣化的意識在人文主義中漸次覺醒，可是人的世界卻在後資本主義經濟中單元化。全世界的人觸目所及，都是幾十家跨國廠牌的商品：可樂、牛排、流行衣飾、電動玩具、規格汽車、四線道公路、冷氣公寓、紅頂白牆的建築、掩藏在大廈中的街道、超級市場、尺寸縮水的華德狄斯尼遊樂場。全世界所有的城市鄉鎮、公共設施與學校都成了幾個資本主義強國相關結構的翻版，只是品質比較粗糙，人的形容比較木然。人自身所處之世界的特殊性迅速在消失。**人沒有鄉愁，也無法從自己生長的山海孕育出藝術的感情**，擷取藝術的材料。失去特殊性，藝術家所面對的，只剩下被抽去生命的普遍性。形式主義的鋼筋骨架、後現代主義小眾化的消費品味，是藝術題材必然的替代。

中期資本主義的表象至少曾經是多樣化的面目，但到了後資本主義，卻露出它單元化的本質。隱藏在琳瑯滿目的多元化商品之後的，正是人類創造力的衰竭，人類文明的萎縮。

波斯灣戰爭所蘊涵的警世意義是：人與世界的互動，不只在智慧的發展、藝術的孕育這兩個層面上發生前所未有的阻隔，連在人道德的反思，新價值觀的形成都出現了令人窒息的梗塞。空戰英雄駕駛絕對優勢的轟炸機，出現在巴格達上空，一次次按鈕投下幾十萬噸的炸彈，他看不到炸彈在地上爆裂時模糊的血肉，他看不到生離死別的婦人在哀苦無告的悲泣，他看不到失去親人的兒童流落街道令人椎心的嚎啕。他看到的只是聖誕節煙火般的奇觀。飛行英雄回航，得意的做出V字型勝利的手勢，急急忙忙去接通給愛人的電話，報告電動玩具遊樂場上的戰績，報告他的凱旋與平安。

所有發生過的事情都在參與者不明的**黑箱中**完成，殺人者沒有在行動的回饋中因良心的譴責而變得善良，也沒有反過來因習慣於目睹慘劇而變得冷血。**他依然天眞**，殺死幾千百人之後他依然天眞。他是空了心的殺手，他是最殘酷但猶不知自己殘酷的玩具兵。他嚼著口香糖，吃吃的笑著，唇紅齒白，殺人不知眨眼，他只是玩具兵，他不自覺的讓**自己做爲人的條件**從自己身上抽離。

軍事科技與新聞封鎖，使人在殘殺十幾萬生命之後，沒有一點反省。波斯灣戰爭，正是超級的國家權力在後資本主義的結構中，展現出來的**新帝國主義的形式**。人沒有反思，更談不上批判與反抗。波斯灣戰爭，像泡沫一般的出現與消失，十幾萬人的生命離奇的化爲烏有，

可是這裡

——沒有海明威的再見武裝，
沒有雷馬克的西線無戰事，
沒有五味川純平用醮不盡的
血和淚　書寫
人間的條件。
這裡沒有卡薩爾斯的白鳥之歌，
也沒有 Joan Baez 的百花今何在。
空間、時間、人
連同聖誕節的煙火，一瞬間都凝結
冰封在停頓的歷史中。

解放的心靈

四十七、解放趣向的知識

在逐步進入人與世界的關係，從人的發展來理解世界的同時，我們已費去一些篇幅在談思想解放。

思想解放是人長大以後重新認識世界的第一件事。國家、階級、種族、宗教及其他社會規範，在人步入青年之時，已經像章魚一般箝住人的心靈，形成人的意識型態與價值。這時候將自己已接受的一切規範結構完全解體，重新以體驗、反思及懷疑主義的精神，來面對世界，理解世界，一步步充分自主地建立起新的價值體系，人才能繼續發展。也只有這樣，人的創造力才不致涸竭，人的文明才有新的面目與生命。這便是思想解放的要義。

批判理論的晚期耕耘者哈伯瑪斯（Jürgen Habermas）在《知識與人類趣向》[1]一書中，把知識因人類趣向（human interests）而歸成三類：（一）根據物質需求而勞動發明的技術趣向（technical interests），所構成的是以**經驗與分析**爲特徵的科學。（二）根據人類語言與溝通的**實踐趣向**（practical interests），它構成**歷史與解釋**的知識領域。（三）根據權力運作的扭曲而反省的**解放趣向**（emancipatory interests），所構成的是**反省與批判**的知識領域。

人的文明不是在至善的上帝意旨、在絕對的國家理性，或在先驗的道德秩序中發展出來的；相反的，它是在**社會秩序不斷的建構與否定中成長**。在知識領域中從事批判與解放，自然也成爲人類創造活動的主題。做爲法蘭克福學派（Frankfurt school）的代表人物之一，哈伯瑪斯把解放知識的份量，與掀起近代世界滔天巨變的科學知識相提並論。另一方面，又與他個人格外著重的溝通知識對等看待。哈伯瑪斯試圖掙脫傳統馬克思主義所主張「生產力的理性化在主導人類歷史」的論斷，而著力探索溝通行爲的理性化過程在人類社會演化中所扮演的無可取代的角色。因爲語言是人類獨有的特徵。依哈伯瑪斯看來，是以語言爲基礎的複雜精緻的溝通行爲，在促成並體現人類社會制度性的理論結構。在《歷史唯物論當代的重建》[2]中，他指出：

【1】Habermas: *Knowledge and Human Interests*, London, Heinemana（1972），或參見Tom Bottomore: *The Frankfurt School*（1984）。中譯本譯者廖仁義，桂冠出版。

──我堅信（人世界的）規範結構並非簡單地遵循生產過程的發展道路，也不是簡單地對系統模式做出反應，它自身確實擁有某種內在的歷史。我已試圖去論證，像生產活動和實踐活動這樣的整體性概念，必須還原為溝通理性化行為來考察，以避免將這兩種決定著社會演化的理性化過程混為一談。

事實上，在哈伯瑪斯的探討中，技術趣向的科學知識關係於生產力的理性化過程，實踐趣向的溝通知識則關係於相互作用的理性化過程，兩者都同樣在促成社會演化，形成人的規範結構，不能彼此替代。而解放趣向的批判知識則關係於理性化過程中的反思，與前兩者並重。它使規範結構解體而重建。卡爾·巴柏（Karl Popper）甚至進而更把否定當作知識──尤其當作科學知識──發展的動力。

四十八、青年期的解放

思想解放在文明知識的架構中，扮演著對等於文明建構性知識的重要角色。破與立二元辯證地在發展人的世界。

我們所建立的人本哲學，是試圖以人幼兒的認知發展爲起點，從兒童發展的特質提煉出人與世界的互動關係，並放回人類歷史的脈絡中去檢視。換句話說，在廣義的認知層次上看個體的發生與種（人的物種）的發生，是了解「人與世界」的門徑。從這裡我們建立起人本哲學的基礎。

哈伯瑪斯在對照個體歷史與物種的歷史兩個領域的理性結構時，亦先回到個體發展的描述，提到青年思想的解放。他根據皮亞傑理論將人的個體發展描述成：以共生、自我中心爲特徵的幼兒階段，演進到客體化、普遍化的成熟階段。

在達到普遍化階段時，他如此說明[3]：

---

[2] David Held, *Introduction to Critical Theory*, Horkheimer to Habermas, UC Press Berkeley and Los Angeles（1980），P260-296。

—只有當青春期到來時，青年才能成功地將自身從以前各階段教義式的壟斷中，進一步解放出來。借助於假説性思維與論辯能力，由自我與客體的析離中出現了反思。直到這時，囿限於具體操作期的認知性自我才開始理解客體化的自然，陷浸於集團觀念的實踐性自我，也才從規範的半自然系統中抽離。但是當青年不再天真地接受包含在斷言與規範中的有效性要求時，他將超越給定的自然客觀性，運用假説，從偶然的邊界條件去解釋這項給定。他還能衝破社會中心主義的傳統規約，運用原則，把現存規範頂多當作習慣來理解，甚至加以批判。

哈伯瑪斯的説明已勾繪出人個體思想解放的一個面向。他把一般心裡學對青年的心理分析（例如叛逆期行為），賦予思想解放的新義。但人本主義所談的思想解放，比哈伯瑪斯上述的描述還有另一層更深遠的意義。

哈伯瑪斯的局限在於他太相信理性是解放的基礎，又把理性化約地界定為普遍形式的邏輯演繹。也因此他很快便掉入皮亞傑的軌道。由於人的個體對於普遍形式的運思，須到青年期才能純熟掌握，換句話說，人的內在理性結構須到青年期才能發展完全，而思想解放又須借助於「假說性思維及論辯能力」的內在理性，「運用原則去衝破傳統規約」，所以他不得不把思想解放的發生延後到青春期，並假定以前各階段都在接受教義式的壟斷，以致漠視人幼兒時期中豐沛的創造力與自由無礙的思想兩者之間必然的關連。

同樣地，當他把這樣的觀點移植到人類歷史時，也帶有相同的局限。他忘掉或沒有認識到人類的祖先在直接面對自然嚴酷的試煉時，所跨出的一步是如何決定性的一大步，在艱鉅的年代裡，人的祖先所特有的是充分的自主與創造。神話思維本身並不構成教條式束縛，宗教只有在與政治相結合，發展成組織，並流爲統治階級的工具時，其教義才變成教條，這時宗教才反過來箝住或嚙蝕人的心靈。

【3】Habermas: *Communication and the Evolution of Society*, Beacom Press, Boston（1979）。中譯本譯者沈力，結構群出版。

四十九、非中心化的演進

在個體發展的層次上，人的幼兒無法認知客體的不變性，並不表示他無法充分感知他自身之外的世界。哈伯瑪斯說：「伴隨具體操作階段的開始，兒童進入構造分界體系的決定性階段。」可是大約在七歲，具體操作期的開始時，兒童已學會並道地的善用一套精確複雜的語言。如前文所詳述[4]，學會語言的背後是一套精密的整體了解的機制，除了牽涉到兒童自身與外在世界細密不絕的互動，更依賴於兒童對複雜世界特別犀利的敏感。皮亞傑所謂外在世界的客觀化，所謂認知客體的不變性，指的是抽象意義的區分與陳述，而非在辨認層次、在感知層次上分不清自己與外在世界。

人的幼兒所受教條的束縛遠遠少於長大之後，這是因爲他的知識皆由自身體驗得來。直接參與，直接驗證，是衝破教條，解放心靈的最佳方法。也因此人幼兒的智力才能在數年之內神速進步。依賴普遍化的觀念來進行思維與論辯的理性，來求得思想解放，是間接但上一層樓的觀照能力。人更直接的批判，應來自參與和體驗。把理性作爲思想解放主要甚至唯一的依恃，使得哈伯瑪斯的論證顯得狹隘，而做出在青年期之前各階段的知識發展皆爲教義式學習的結論。

思想解放的火花最需要不斷迸裂閃耀的時段，其實是人的後半生。隨著年歲增長，教條式的規範不再透由人的體驗去檢視，隨著人在現實利益中一日日沈淪，早年被輸入的教條不只逐步內化爲自身的規範，而且用來再教誨別人，灌輸給別人。當人在既存現實中失去自主不再反思的時候，便把自己異化爲社會組織抑制個人自主與反思的工具。

哈伯瑪斯在《歷史唯物論與規範結構的發展》[5]一文中，提出了上述可爭議的論點。但是他要談的主題不是思想解放，而是由個體發生學去看人類歷史的演化，他要做的是**歷史唯物論的重建**。馬克思的歷史唯物論強調生產力的理性化主導人類歷史的演進，認爲——歷史的線索，即使是觀念史的線索，都要從人與人的自然環境，物質世界的關係上

【4】見本書：〈語言的迷思〉。

【5】與【3】同。

去尋求。

－不是人的意識決定人的存在，而是**人的社會存在決定人的意識**。

－思想和觀念是建立在經濟條件基礎上的上層建築。

哈伯瑪斯把個體發生史與種的歷史相比擬，謹愼地對照兩個領域中規範結構的異同。他將前述人的個體自共生以迄客體化普遍化的歷程，放到人類物種的歷史中去找尋相似的發展段落。他發現人類從古代部落的神話思維，歷經古代帝國之中，統一但論辯性的宇宙觀，以迄資本主義反思的理性，這整個過程也存在著類似於小孩由共生、自我中心到客體化普遍化的一步步非中心化（decentralization）的演進程序。由此他試圖要導出的是，人類社會的規範結構原有其理性發展的內在歷史。這內在的發展是以溝通知識爲基礎的人類趣向，獨立於生產活動的技術趣向之外的，至少兩者是平行而不能相互替代的。這樣的論證結果如果成功，便從根本基礎動搖了馬克思的歷史唯物論。

五十、人本教育與思想解放

在進一步分析哈伯瑪斯的思路前，對於思想解放在現實層面上的意義，我們先做點補述。雖然哈伯瑪斯對於青年期的特徵定位於運用普遍思維與論辯能力，衝破傳統規約，從教義式的壟斷中解放出來。但在現實教育下，許多人終其一生**並不曾**（或只部分的）歷經過這一階段。在現有教育體制內，一批批未學得善用思辯能力的師資與其他知識菁英被培養出來，擔任教師或行政的職位。但是，參與體驗與理性思辯是人理解世界的基礎，**原本循規蹈矩的受教育歷程，狹隘安全的成長經驗，再加上未經解放的教義式思維**，使爲數不少的教師永遠無法了解出現在他眼前來自不同階段，具有不同成長環境的學生。施展權威與訴諸道德的拒斥，是塡補這些鴻溝最方便的手段，也是**掩飾教育者本身無能的**最廉價的處方。這是權威性格、專制文化在東方社會惡性循環，陰魂不散的根源。

人本教育者不只是要解放孩童的心靈，也要從教師的自主性去尋求教師的思想解放。一方面就師資來源中，改良師資培育的環境，接受開放思潮的衝激。另一方面，在學校之內，接受多元師資，減少行政系統的支配，提高教師的教學自主權，縮小學校與班級規模，使教師能在自身與學生的互動中觀察、體驗與成長。只有解放的思想與心靈，才能了解來自不同背景的兒童不同面貌的內心世界，與學生一起分擔他們的歡樂與痛苦。

又思想解放作爲青年的特徵有特別深遠的意義。如哈伯瑪斯所述的衝破傳統，在思維上試圖解放的青年，是所有社會的新生命。青年之所以爲青年，不因爲他年輕力壯，而因爲他的思想解放，對現體制敢作無忌的批判。在資源匱乏或被層層把持的社會，青年的批判力量，是社會唯一可能獲取的生機。對於豐裕社會，青年的思想解放激盪所及，會大到更生社會結構，促進新思潮新文化的產生，開展新的時代。

哈伯瑪斯的步履

五十一、他的步履欲行又止

我們在逐步建立起人本哲學時，捨棄了康德的先驗理性，捨棄了黑格爾的宇宙精神，也避開自古性善性惡上智下愚等無休無止的爭論，我們把人類本質（或說人的本來面目）界定爲人要生存發展的原始創造特質所代表的自然能力。

人的好奇（人想要知道，想要認識自己所處世界的一切），有助於人的生存發展。這是人類的共同趣向（interests）。與批判理論學家哈伯瑪斯（Jürgen Habermas）的觀點相同，我們認爲人對知識的趣向，是人類本質，唯不具有康德的那種高度絕對的先驗。因爲縱然是人類本質，人對知識的趣向也是人類這一物種在地球上生活，經長年演化而發展出來的。

在《知識與人類趣向》[1]中，哈伯瑪斯說：

——人類認知行為的管制系統雖具有先驗的功能，但這項功能實源自人類生命的物種結構。此一結構因人類在下述兩種學習過程中經一代代生命更迭，累積而形成。兩種過程一為社會的組織性勞動，另一則為人運用日常語言作媒介，在互動中產生的相互了解。

有趣的是，如果把人對知識的趣向機械性地貼附於人的生存條件，我們容易陷入歷史唯物論的教條。上文已經提到哈伯瑪斯在重建歷史唯物論[2]時，試圖證明人類以語言爲特徵的溝通趣向，獨立於以生產活動爲內容的技術趣向之外，而發展其理性結構，並且主導人類社會的規範結構使它一步步走向非中心化的演進過程。換句話說，以溝通爲主要趣向的實踐理性，有它內在的歷史。

這樣的斷言，使哈伯瑪斯一度走出馬克思歷史唯物論。但事實上哈伯瑪斯並未宣稱要推翻歷史唯物論，他小心翼翼地聲明：

—我在社會演化架構中特別突出規範結構的位置，可能會導致若干誤解。誤以為物種的歷史動力學可以通過某種精神的內在歷史來解釋，或誤以為物種的發展邏輯再度

【1】Hebermas: *Knowledge and Human Interests*, London, Heinemann（1971）, trans. J.Shapiro. P194.

【2】Hebermas: *Historical Materialism and the Development of Normal Structures-Communication and the Evolution of Society*, trans. T. McCarthy, Landon, Heinemann（1979）.

取代了歷史的偶然性。前一種誤解隱藏著如下懷疑：我正在悄悄丟棄唯物論關於社會發展動力的假定[3]，後一種誤解則懷疑著我正在用一種新的歷史泛邏輯化和哲學神秘主義的理論取代經驗同科學分析。

哈伯瑪斯的聲明，在努力使他自己的斷言不致掉入唯心論的迷思。他解釋道：

> —發展動力學的分析，就它本身在生產與再生產的領域之中發生危機的系統問題而言，是唯物論的。（The analysis of developmental dynamics is materialist insofar as it makes reference to crisis producing systems problems in the domain of production and reproduction.）（同【2】）

在這裡哈伯瑪斯的步履是欲行又止。法蘭克福學派所揹馬克思主義傳統，使得他原來想做的**超過他所敢作的**。如果哈伯瑪斯的論證成功，換句話說，以語言爲特徵的人類相互作用的理性化過程如果眞的有他內在發展的歷史，那麼馬克思歷史唯物論的基礎便動搖了，此時哈伯瑪斯可以拋棄馬克思，走出自己的新紀元。不然，哈伯瑪斯便應該詳細交代人類相互作用的理性化過程，以何種程度何種形式受制於生產活動的理性化過程，如此他的論證才眞正在重建歷史唯物論。

只有這樣歷史唯物論才能以更生動而且辯證的新樣態，出現在近代思想的舞台。對於這一關鍵性問題的交代，哈伯瑪斯的說明卻顯得薄弱無力。事實上他的根本困難隱伏在他對知識與人類趣向的分類，也隱伏在批判理論對實證論的控訴聲中。

五十二、工作與語言的分野

我們從嶄新的角度來看待哈伯瑪斯欲行又止的步履，爲的是要對知識的發生有較眞實的了解。以往我們所處理的是個體的認知發展，現在我們則探討群體甚至物種的歷史認識論（epistemology）。

【3】參見本書〈解放的心靈〉。

如前所述，哈伯瑪斯認爲人存在的基本條件是**工作**（work）、**語言**（language）及**宰制**（domination），相應的，基於這三類基本條件，便有三種人類趣向：**技術趣向**，**實踐趣向**與**解放趣向**，從而產生

a 經驗與分析

b 解釋與歷史

c 反省與批判

的三類知識。

但依我們從另一素樸的觀點看來，工作與語言皆因人生存發展的需求而來。人被丟到這世界，面對的一方是自然，另一方則爲社會。人要與自然對話，一步步了解自然，**所發展出來的語言便是自然科學的語言**，我們稱之爲自然語言，其中很大部份構成了數學與邏輯；而人與人經營社會科學、相互溝通、相互作用、所發展**出來的語言**，則爲**人文語言**，人文語言爲人文學及社會科學的基礎。

就這種意義來說，自然科學含有人與自然對話的語言，有了這一套了解自然的語言，人才能利用自然，發明有利於生存發展的生產技術，改善人的生活條件。同樣人文與社會科學也是在發展一套精密的人類語言，促成人對自己，對他人，對不同時空下的人類社會的了解，使人類社會的經營有利於人的生活。換句話說，人知識的各個領域，包含自然科學，社會科學及人文學，皆分別具有語言的實質與工作的效能。法蘭克福學派從霍克海默（Max Horkheimer）以來一直未能認識自然科學所涵的語言實質，未能理解在自然科學的發展中人與自然之間存在著細密不斷的互動。他們只看到自然科學的工作效能，只感受到自然科學方法的工具理性以及其反人文的森冷面目。到哈伯瑪斯的手中，便順當的要將以物質需求爲基礎的技術趣向，及以語言溝通爲基礎的實踐趣向分割，使溝通行爲的理性化過程從生產活動的理性化過程中獨立出來，使語言與工作分開。

但人的工作離不開語言，因爲人不能孤立於外在世界而工作，工作中便有對話，有時須與自然對話，有時須與他人對話，對話則少不了語言。與自然對話時，語言的使用者所從事的是以他本身爲主體的創造活動，自然雖有近似客觀的規律，但自然科學卻是人企圖與自然對話時，所從事的創造活動一步步踩下來的腳印。

另一方面，人的語言因生存需要而發展，因工作需要而精緻。語言幫助人面對生活，面對工作。**生活與工作是語言發展的動力**。唯並非機械性地決定語言。

於是我們來到了問題的核心。

人被丟到世界，「知」是他所賴以生存的條件。想要知道他所處世界的一切，爲的是他有較多的機會生存，人的智慧進化到今日，高度的學習能力使人特立於萬物之上。好奇是人類最珍貴的特質。**人對知識的趣向是人類最獨特的表徵**。

語言固然也是人類的特徵，但語言只是知識趣向的部分。

知識趣向（含語言）的**始初條件**（initial condition）是**人的生存繁榮**。人類物種進化的關鍵在於人類智慧的發生。智慧啓源於人類物種在蠻荒中直立，所須面對的生存競爭與自然所加之於人的嚴酷試煉。想要知道自己所處世界的一切，包含已知或未知的一切，爲的是人的生存繁榮。

以這樣的角度來看，人對知識的好奇，不若其解讀成「崇尙知識」時所透露出來的唯心。相反的，**好奇是唯物的**（materialistic）。但人的好奇卻與實用常相矛盾。對知識的好奇常使人無視於自身現實的生活。這是因爲好奇的始初條件固然爲了人類物種的生存繁榮，但事物的始初條件**並非機械地決定**事物的發展。機械觀下的決定論是教條式的唯物論。

知識有它本身的使命，任何一種知識學問一旦誕生，本身便像嬰兒一樣開始在長大，它會逐步遠離它的始初條件，漸行漸遠。

五十三、知識發展的模型

舉個例子來說，人了解他所生存的空間，有利於人的生存繁榮。大道爲直線，車輪爲圓，爲的是節省力氣。天空中日月五星如何運行，知道了可以幫助農事。

直線、圓與球是空間的幾何，人對自己所生長的空間探詢它的一般規律，便孕育了幾何學。西元前第五世紀在希臘出現的歐幾里德《幾何原本》，與稍後在中國出現的《周髀算經》[4]，標誌了西方與中國古文明對空間幾何知識令人驚歎的總結。《周髀算經》中有商高定理，犀利地證明了直角三角形三邊長的關係。《幾何原本》更建立起公理系統，從空間幾何紛陳多變的樣態中剝繭抽絲，分離出最基本的幾個公理，以這些基本公理去推導空間萬象，發展了人類文明中的演繹思維。

這是人與自然之溝通行爲的理性化，也是人生產活動的理性化，在哈伯瑪斯的分類表上，它的歸屬頗難認定，而且帶來分類理論尷尬的兩難。

可是人對於知識的探討，就像以前所論述的人的幼兒一樣，勇往無懼。從生存繁榮的始初條件出發，人一代傳一代地在探詢空間的基本規律，找尋人與自然對話的一套精密的語言。

知識就這樣開展它自己的使命。有沒有用？是不是直接有利於生存繁榮？這樣嘮叨不停的問話，不再喚起每一個知識創造者的注意，知識創造者一旦開始投入知識的領域，眞正在他身上奔流的，是他的人類祖先賦給他的血液。他作爲人類物種的一份子，已烙印著「知道一切，有利於生存」的因子，這樣的因子已演化爲大腦皮層的結構。

當我們說，知識有它自己的使命，並不意味著知識可以離開人而自己在成長，更不暗示著遠方有神秘主義的聲音，在召喚它朝向那聲音前進。我們所說的知識使命，其實蘊涵在人與他的人類祖先的血液裡，蘊涵在物種演化後之大腦皮質的結構中，它不是意識中的判斷，也不是遺傳的某種特定程式，一如喬姆斯基所談的普同語言設計。

從人的幼兒可以觀察到：不問有無用處，而想要知道一切的好奇。這無邊的好奇是人的孩童最珍貴的特質。是那些長大後身上仍擁有這種無邊好奇的一部份人，聽得到知識使命的召喚，忘情無忌地開創新知識。

可是知識並不在它出生之後便永遠與作爲其始初條件的生存繁榮決裂，爲完成它自己的使命而離去。知識的發展除始初條件之外尚有邊界條件（boundary condition）。只是邊界條件時而明確，時而模糊，邊界條件的訊息不一定能傳來規範知識的發展，卻會節制知識發展所需的物質資源。

不妨把知識發展模型，比擬爲演化方程（evolution equation）。假想有一塊金屬板，開始

【4】參見李儼、杜石然合著：《中國數學淺說》，第一章。

的一瞬間有某種「熱分佈」（heat distribution），這是始初條件。此後板上的熱便依自己的規律自顧流動，金屬板的內部不再外加或減溫，但金屬板邊界上的某部份段落卻維持著任給的溫度，於是金屬板內部每一時刻的溫度都在變化，其變化的樣態便近似的滿足著一種演化方程。

生存繁榮之於知識，就好似演化方程的始初條件與部份的邊界條件一樣，它不決定知識的發展，卻給予支持與制約。

歐幾里德的公理演繹，到二十世紀經大數學家希爾伯特（Hilbert）的手，點石成金，發展為數學的形式主義。二十世紀中葉二次大戰之後，以美國為首的西方社會豐足富裕，一時文物鼎盛，為藝術而藝術，為數學而數學，為學術而學術，使知識的發展，完全為它自己的使命而發展。數學形式主義的大本營集結了四〇年代以來西方一些頂尖的數學家，發展成布爾巴基（Bourbarki）學派，試圖把數學所有分支都結構化，改寫成公理演繹的系統。布爾巴基學派更與文化人類學家李維史陀（Levi Strauss），布拉格語言學派雅克布遜（R. Jacobson）

等人共同開展了五〇、六〇年代風起雲湧的結構主義思潮。

六〇年代後期的越戰及其後的石油危機，卻成為布爾巴基學派結構主義數學的邊界條件。為知識而知識的發展，在社會資源短缺的制約下停止了腳步。數學發展的主流從普遍形式的夢幻中驚醒過來，又回到特殊世界的古老荒野中，辛勤的耕耘，期待那厚實但無奇的收割。

透過這知識發展的模型，回看哈伯瑪斯的問題，我們會得到較眞實的描述。人類溝通行為的理性化過程本身就像任何一個分支的知識發展一樣，本身有它內在成長的邏輯，但它無法完全自外於生產力的影響。生產力的理性化在溝通行為的理性化過程中，扮演的是始初條件與此起彼落的邊界條件。生產力的理性化在開始引發了溝通行為的發展，然後人的語言與溝通行為便依其內在的邏輯演化，而在一定的歷史時刻，生產力又以段落的邊界條件，向內部的溝通行為發生制約。

這是人本主義的社會知識論。

經驗的斷層

五十四、人本主義的認識論觀點

當我們沿著哈伯瑪斯的腳印，觀察他蹣跚的步履，而試圖爲人的知識發展做更眞實的歷史描述時，我們已來到荊棘難行，艱澀不明的理論叢林。理論是事物的普遍形式，爲特殊現象提供全面解讀的基點。但理論本身也常佈滿了思想陷阱，一旦理論與現象界裡人的經驗之間有了斷層，理論便容易反過來吞噬人的本身。

我們從一般的情況，開始來說明經驗的斷層，說明代表著知識的經驗網絡是什麼。爲了完整說明人本主義的認識論觀點，我們須要重述前文曾談過一些的觀念。

我們談過兒童有掌握整體特徵的能力。兒童對於整體情境的感知，遠比成人敏銳，正是這種能力使兒童能在語音串（sequence of sounds）出現的同時，抓取其情境的整體特徵，在重複中掌握其語意，我們早在前文說明了兒童以此能力學習語言的機制[1]，解開了皮亞傑與喬姆斯基之間的爭論。事實上兒童學習語言的突出表現，並不像喬氏所說：由於語言是人類獨特的能力，因此其深層結構已演化成物種的遺傳程式，並安裝在嬰兒的大腦皮質中。我們認為學習語言不過是學習知識的一個部分。只是人們受皮亞傑（Piaget）理論的誤導，不大能領略到兒童於幼年期認識世界的進度如何神速。在表現上，一般人只注意到兒童學習語言的能力特強，看不到或不曾去想到初生的嬰兒在三、四年之內竟然從不如螞蟻、蚯蚓的水準，鬼斧神工的進步到人類的智力，因此喬氏也只好替兒童語言能力的來源在煩惱。我們則認為了解兒童幼年期如何認識世界才是問題關鍵。而其答案則在於兒童秉賦有掌握整體特徵的自然能力。這一自然能力便蘊涵了兒童學習語言的能力，從而解開喬氏的困惑。同時由於這種自然能力仍在皮亞傑的文明軌道[2]之外，它的存在並不質疑皮亞傑對文明能力（或抽象能力）發展軌道的描繪，卻揭示認知發展另一面不為人知的容顏，提供嶄新的研究方向。

倘若兒童不主動透過直接體驗去認識世界，則掌握整體特徵的自然能力便徒具形式。主

【1】參見本書〈語言的迷思〉與〈童稚世界無限〉。

【2】Jean Piager: *The psychology of intelligence*（1981）, Littlefriend, Adams & Co. 或其他有關皮亞傑認知理論的書籍，如杜聲鋒著：《皮亞傑及其思想》，遠流出版社，一九八八年初版。

動干擾外在的秩序，無畏無休的體驗[3]世間的一切，才使得兒童能一步步認識世界，也一步步認識自我與客體的分野，認識客體的不變性，而順利步入皮亞傑的文明軌道。同時不預存偏見[4]，則使兒童在認識世界時無拘無礙，與天地萬物相親相近。而對事物掌握其整體特徵，又使兒童能以成套（whole package）的方式，將外在世界的一切面目，透過體驗神速地輸入他的認知圖式中。

這便是人的幼兒發展知識的機制。**直接體驗是他的核心課題**。但當年紀漸長，由於依據直接體驗，他只能認識自己周邊的事務，事事依據直接體驗，反而構成了人進一步認識世界的障礙。**這時候教育的作用，便是突破這層障礙**。使人的經驗持續拓廣。人有無受教育，其根本的差別便在於他對世界的經驗有無超越他個人一時一地的限制，伸向遠方，走到過去與未來。

文學藝術（泛指人文學）是某一時空下人的個體對人世深刻體驗的描述，描述的形式是作者獨特的手法，描述的內容則為作者在所處的時代對所處情境的體驗。透過文學藝術，人走入作者的經驗世界，把自己投射到不同時空的人物身上，藉以拓展自己對人世的經驗。

社會科學是人經營社會生活的群體經驗，透過歷來社會現象的陳述分析與詮釋，例如文物盛衰（歷史），供需平衡（經濟）與階級族群力量的消長（政治及人類學），人對社會的體驗不只跨越時空，而且由感性經驗提昇到理性經驗的層次，甚至從經驗的陳述與詮釋，發展到反省與批判。

自然科學是人與自然對話，叩詢自然，追問自然的活動。自然科學的知識便是人長時期共同從事這種活動累積起來的集體經驗與結晶。兒童早年接觸自然，對自然萬物無所不喜。自然的千變萬化亦打開兒童的心眼，而啓蒙兒童去提出問題追尋因果。兒童透過水與火、太陽與月亮、重力與風，透過螞蟻與樹葉、鳥巢與蜂窩，無時無刻不在與自然對話，體驗自然奧祕的法則。**藉由自然中的理性，人方才領悟並發展出社會組織的理性**。學習自然科學，便

【3】參見本書〈跌倒的次數沒寫在臉上〉與〈人在知識中異化〉。

【4】參見本書〈白鳥之歌〉。

在延伸他對自然的直接體驗，結合人類共同的心血經驗，進入宇宙，進入物質細部，進入生命的深處。

如果把經驗界定為人經驗的拓廣，我們首先要檢視的是：經由學校、書本或其他諸資訊提供給人的知識，亦即別人這些個體或集體的經驗，是否與自身直接的體驗之間，出現不易跨越的斷層？人經驗的拓廣，由於以自身直接的體驗為起點，必然是由近及遠，由特殊而普遍，然後連貫交錯，拓廣的過程才能不絕如縷，人的認知圖式中才能構築出豐富而有生機的經驗網絡。人的經驗網絡便是發展人的智慧、人的道德、情意與美感最真實的基礎。

這經驗網絡的核心是人直接的體驗。在教育面上，經驗網絡中的斷層**代表教育失敗**。當教育的內容是普遍形式，而無法與人的直接經驗接合時，受教育者便只有順從附合，或只有挫折與痛苦。而強行加以實施的結果，會造成人獨立思考的停頓，學習意願的萎縮，學習能力的退化，造成經驗內化過程的阻滯與生之價值的混亂。人的內在發展因而扭曲。人的工具化、人云亦云、反智、現實、疏離與暴力，都是把斷層教育強行實施之後必然會發生的現象。

五十五、人的經驗網絡像蜘蛛網

皮亞傑的認知發展歷程：由感覺動作、前操作、具體操作以迄十一、二歲時才逐漸形成的形式操作，這一嚴謹建立的發展軌道，事實上是我們所談經驗網絡的一部份，這部分是由直接體驗逐漸外延到達客體不變形式的區段。十一、二歲之後，皮亞傑的理論篇章已經終結，但人的經驗網絡還在發展，像蜘蛛網一樣，不只做放射性的外延，亦作橫向的，即同心圓或更錯綜複雜的連貫交織，這時人的連貫力正逐漸在形成，所連貫的不只在特殊體驗與特殊體驗之間，且在普遍形式與普遍形式之間，或在特殊體驗與普遍形式之間（參見頁二五二）。

人經驗網絡的發展，事實上遠比上述所描寫的複雜而富於變化。我們要指出的是：

（一）皮亞傑認知發展的歷程，是文明能力初期發展的過程。這一過程只是人經驗網絡中，自直接體驗的核心開始外延的環狀部份。核心內部蘊藏著人的自然能力，自然能力自核心推**動網絡向外拓展**，同時也成為人日後創造力的根源。

（二）網絡向外拓展時若存在斷層，亦即體驗與外來的知識無法聯結，知識的學習就變得索然無趣[5]。這是傳統教育、宗教教育、專制教育及升學教育所共有的現象。它們在這共通點上壓抑人的發展，是背離人本主義的教育。

（三）人的經驗網絡中橫向的連貫，尤指概念（即普遍形式）與概念之間的連貫，使網絡變得活潑迅速，促成人的文明能力往更高的層次發展。十一、二歲之後正是開始大力發展這種概念連貫能力的年紀，人應擁有更多空白的時間，主動去探索概念之間的關連[6]。（考試教育中剝奪學生的課餘與假期，會抑制連貫力的發展，使人到後來編織成的經驗網絡零散無力。）

如果說教育的目的在於促進人**知性與人格的成熟**，那麼人的經驗網絡是否富於生機，是否活潑而堅實，則決定了教育的目的能否堅實。

人不必無事不知，大而零碎的網絡使人迷失在零亂片斷的知識廢墟之中。人透過知識在拓廣經驗時，須要十分專注的深耕幾條從直接體驗的核心通往外緣經驗的路徑，在這幾條深耕的小徑上徘徊思索，在小徑與小徑之間留連踱蹀。知識拓展了人的經驗，而在經驗拓廣的道路上深耕，使人成熟。

【5】參見本書〈人在知識中異化〉。

【6】參見本書〈田園詩之外〉第五節。

人的經驗網絡（示意圖）

A 核心部份為人的直接體驗。

B 外來知識未能被人的體驗接納時，會造成經驗的斷層。

C 橫向的（同心圓的）連貫，須在人的自主中由人本身去完成。

D 密佈網路的遠方，便是人創造力旺盛之處。

千年記憶的大石

五十六、進一步的詮釋

依前述我們將知識界定爲人經驗的拓廣，把教育當做拓廣人的經驗，我們提出：經驗網絡的發展其實刻劃著人心智的成長，教育的意涵在於使一個人透過體驗而認識世界，使他的經驗網絡由小而大，由短暫而久遠。這便是人本教育哲學的核心概念，也是人本主義者所理解的教育意涵。

用這樣的觀點來界定教育，我們須回應幾個問題：

—（一）這樣的教育觀點在實踐上如何展現？例如：是否教材就應該生活化實用化，使知識內容與生活經驗相結合？但這樣生活化的教材如何能深入理論的層次？同時這樣生活化的教材不是反而會限制人的視野，使學習的腳步停滯不前？

—（二）人的經驗是什麼？經驗是主觀的，知識則講求客觀，把知識界定為經驗的拓廣，是否模糊了主客之分，降低知識的客觀價值為主觀的經驗？

—（三）在拓廣經驗的人本教育觀點下，似乎忽略了先天遺傳上的個別差異，是否人本教育者也主張「環境決定論」？

我們倒過來，先回答第三個問題，因爲「先天抑或後天」的問題是個困惑人心的古老的問題，牽涉到人根本的世界觀。

這一世紀各家各派中最被誤解的一個人物，是行爲主義者史金納（B. F. Skinner）。從他的操作制約（operation conditioning）在左右鴿子老鼠以迄人類行爲的理論提出之後，整整幾十年，人們把赫胥黎諷刺筆下的美麗新世界，把素來與科技的夢魘聯想在一起的機械觀、唯物質論、環境決定論等冷血無情的刻板印象，全部都傾倒在史金納的身上。當史金納所寫《Beyond Freedom and Dignity》一書出版之後，美國時代週刊的封面故事便登出：「史金納說我們不能被賦與自由」。史金納本人後來辯解道：

> ——我根本不是這個意思，我要人們盡可能感覺自己是自由的，是有價值的。我們可以透過正面的強化而非負面的處罰來達到這個目標，我要人們藉由正面強化來行事，並讓他們覺得是自己想這樣做的。[1]

【1】爲史金納接受《Science Digest》雜誌訪問時的談話。收錄於王溢嘉譯輯《生命與科學對話錄》，一九八四年，野鵝出版社。

如果我們不再深究下去，這樣的說法不就是眾多泛泛強調「愛的教育」的人士，所極力主張的事？愛與鼓勵便是史金納的正面強化。事實上史金納所強調的是，外在環境的操作制約，對人的行爲有重大的影響，只是他未曾對影響的過程與機制做更精緻的描述，同時由於固守實證主義的規範，史金納視那些無法經驗的自由意志、察覺（awareness）、意識（consciousness）、甚至知覺，爲研究的禁忌。

「愛的教育」論者與史金納正面強化的操作制約，究竟是有些不同。不同的所在是，教育者不是冷眼旁觀的實驗室觀察者，對於學習者，教育者參與教育的實施，投入自己的感情，教師的心靈成了與教學血肉相連的一部份。教育原是屬於人的世界，教育者不是觀察鴿子老鼠的實驗控制者。

皮亞傑（Piaget）則從學習者的角度來強調參與。兒童主動干擾外在世界的秩序，體驗干擾後的回饋，從而一級一級發展他的心智。對於兒童，教師與同伴都是外在世界的成員，兒童與環境互動，當然也與教師，與他的同伴互動。

皮亞傑比史金納敏銳之處是，他於內在世界與外在環境之間，辯證地揭示了兩者間的互動，用同化與順應的認知歷程去描述兒童心智發展的機制。至於先天遺傳的個別差異，對皮亞傑來說是不可理解的事。縱其一生，皮亞傑小心翼翼不讓自己掉入這一唯心的陷阱。

對於皮亞傑的這個論點，我們試圖進一步申論：兒童有自由意志，面臨相同環境的眾多面向，當他選擇某一面向，干擾其間事物的秩序，這時他便與那一面向的事物發生較密切的互動，在那一面向他得到的發展，必與選擇別種面向的兒童不同。例如同一家庭的雙生兒弟一個抓起畫筆塗鴉（若因此得到父母讚賞，以後可能比較喜歡抓畫筆繼續塗鴉），另一個拿起棒子敲琴（若因琴聲琤琤琮琮而感興奮好玩，以後可能隨時爬上琴座敲琴），他們感受到的回饋不同。在他們的認知圖式上得到的發展，尤其經過長期累積之後，便也大不相同。

環境決定論者或問：這一刻小孩會抓起畫筆，而不敲琴，是因在此之前他的環境帶給他的總影響所決定的。如果有所謂最早的一刻，那一刻也許是由機率決定選擇，但此後便有了兒童自由意志的因素加入。可是這樣的回答，非常粗糙，而且前述的問題以這樣的方式來陳述，便也落入無解的圈套。我們只能改用另一種方式來作進一步的探討。

五十七、古典科學的決定論

牛頓力學經過一個世紀的發展，到了十八世紀末拉普拉斯（Pierre Simon de Laplace, 1749-1827）開始寫其巨著《天體力學》（Traité de méchanique céleste）之時，古典科學的體系已經完備。牛頓的引力定律與運動方程，在拉普拉斯的手上發展到淋漓盡致。幾個世紀的重要科學家都相信大如宇宙，小若原子，所有天地萬物皆服膺牛頓的規律。對於牛頓，發現這偉大的規律，便等同於叩詢上帝早已賦予世界的完美秩序。此後兩三個世紀，決定論成爲古典科學的精神支柱，也提昇爲人類理性的最高信仰。拉普拉斯曾這樣寫道：

——世界不存在一點曖昧，未來與過去都歷歷如繪，展露在眼前。

二十世紀初，海森堡的測不準原理與愛因斯坦的相對論驚醒了決定論者的美夢，但幸好破碎的夢影只出現在原子內部微小的世界與接近光速的太空船。而在觸目所及屬於人類活動尺度（scale of human activities）的現實世界中，決定論不僅依舊是科學的支柱與信仰，而且蔓延到社會科學的領域。史金納的操作制約論，其實是古典科學的決定論投射在行爲科學上的影子。

二十世紀中葉以後，混沌（chaos）理論在自然科學中逐漸孕育成形[2]。到了七〇年代，決定論的夢想，終於也在人類活動尺度的現象界中破滅。混沌理論所揭示有關世界的眞實面貌，遠比決定論所試圖描述的複雜詭譎。古典科學的手法，是將自然現象化約成幾個主導的變數，然後掌握這幾個變數所滿足的規律，去描述或進一步控制自然現象。換句話說古典科學的方法論乃建立在**化約主義**之上。但眼前的世界，即使是水龍頭流出的水，已可以紊亂到完全脫離化約主義的掌握，而屬於混沌現象。連描繪在地圖上的海岸，雖化約成一條簡單而長度有限的曲線，但從巴黎布爾巴基（Nicholas Bourbarki）[3]學派逃離出去的立陶宛數學家曼

---

[2] 有關混沌理論通俗性介紹書籍有：James Gleick 原著《Chaos》（1987），Penguin，中譯本有林和譯：《混沌》，一九九一年，天下文化出版公司。專門性書籍如：

[T-S]Thompson-Stewart: *Nonlinear Dynamics and Chaos*（1986），John Wiley& Sons.或 [L]H. W.Lorenz: Nonlinear Dynamical Economics and Chaotic Motion1989），Lecture Notes in Economics and Mathematical Systems, Springer-Verlag.

德布洛特（Benoit Mandelbrot）卻宣稱任何一段海岸的長度都是無限，且它的維數不是整數1，而是介於1與2之間的分數，如卡區曲線（Koch curve）[4]（見附圖頁二六七）。

自然眞實的面貌原是如此多變。將海岸化約成簡單曲線是一種近似，尚能契合文明實際的需求，可是瀑布、振盪、空氣的流動、血管交錯、生物繁衍，甚至經濟學上價格與股市的變動這一切混沌現象，都無法以化約來描述。數值上的不可預測性，竟然是眞實世界俯拾即是的現象。水池內魚的族群數量的消長，雖然以最簡單的非線性微分方程 $X_{next}=cX(1-X)$ 來模擬[5]，生物學家羅勃·梅（Robert May）卻發現並非對任何數值c，族群數量在時間長久時間之後，都趨於某平衡的數值。對某些c，族群數量X會穩定地趨於平衡，而對其他c，族群數量X卻跳動不已（參見附圖頁二六七）。

在所謂「蝴蝶效應」的意義下，決定論亦面臨難以辯解的質疑。蝴蝶效應意指現象對始初條件的極端敏感（senitive dependence on initial conditions）。試用通俗的語言來說：今天北京一隻蝴蝶展翅翩躚，輕微擾動空氣，可能觸發紐約下個月一場暴雨。這是麻省理工學院大氣科學家勞倫茲（Edward N. Lorenz）在1963年描繪的吸子動力系統[6]所透露出來的訊息。

蝴蝶效應可在簡易的實驗裝置上找到根據：設有一個不止左右搖擺，而且可以朝各方向擺動的鐘擺，基座周遭裝上三塊分別塗以紅、黃、藍色的磁鐵，各據一角，將擺錘從某起始點放

【3】Bourbarki學派爲活躍於五〇、六〇年代的數學形式主義的代表，是二十世紀中葉以後結構主義思潮的主要支柱之一。

【4】參閱【2】中林和譯本，頁一二六至一三一或 [D]Robert Devancy: *Introduction to Chaotic dynamical systems*（1989），Addison-Wesley. p260-300.

【5】參閱【2】中林和譯本第三章「生活中的起伏」或[L] p51-60.

【6】參閱【2】中林和譯本第五章「奇異吸子」或[T-S] pl87-211.其動力系統方程爲：

$$\begin{cases} x' = a(-x+y) \\ y' = bx - y - xz \\ z' = xy - cz \end{cases}$$

；而 a, b, c 皆 >0

如此簡單的形式。

手，擺錘便開始擺動，然後看它最終被三磁鐵中哪一塊吸住，便在該起始點注記相應的顏色。我們會驚訝的發現任何小塊區域都無限密集的交織著紅黃藍三種色點。換句話說，如果在某一起始點放手，擺錘最終會被紅色磁鐵吸住的話，那麼起始位置只要有一點點誤差，結果便大相逕庭，可黃可藍。

如果古典科學的決定論要有實踐上的意義，科學家必須預期初始一點點小誤差不會造成後來相異太大的結果，亦即科學家期待著自然現象有它某種意義的穩定性（stability）。否則決定論就由於結果的不可能預測，而只成爲海市蜃樓中的規律。混沌理論所指出的蝴蝶效應，說明了決定論在實踐上的局限。

人心智的成長與發展，會不會潛藏著類似勞倫茲系統的蝴蝶效應，或類似羅勃．梅所看到的族群消長與股市價格中的諾亞效應？比起前述的磁吸鐘擺或族群消長，兒童成長的歷程遠爲複雜多變，兒童無時無刻不在參與而且干擾外在環境，無時無刻不在從環境的回饋中修正自己。相對的，魚的族群數量所面臨的變局卻較爲簡單，磁吸鐘擺看起來亦較有規律可循。混沌現象是否也會出現在人的心智發展歷程中？

五十八、累積與指數律

我們無意要藉混沌現象來逃避心智發展中的探討，更無意要將心智發展帶入神祕主義的死巷。我們只是藉此指出以決定性微分方程（當然爲非線性的（nonlinear）方程）來表達自然規律，所得的結果都不是拉普拉斯或史金納所理解的那種意義下的決定論。更何況**自由意志與隨機因素**迄未被我們納入考慮。

混沌理論的出現，並不意味著科學的終結：叫科學家從自然現象的不可預測性中，垂頭喪氣的敗陣撤退。在許多情況下，古典科學還擁有近似的實踐意義：人造衛星還是一樣每天在天空中環繞地球運行，人賴以維生的能量還是一樣透過電線輸送到文明世界的每一個角落。古典科學的基礎在於將**規律化約**，並排除像摩擦力等這些難以駕馭的**非線性因素**，但當非線性因素的角色提升，變得不能忽略時，混沌現象便出現了。可是混沌現象的出現，依然不宣告科學的退卻，紊亂中或許另有秩序。科學家所面臨的新課題是尋找混沌現象中的新秩序。新秩序的意義與內容，對於這一世紀的人類固然還是深奧難解，甚至處理新秩序的方法（例如放棄演譯證明的古典語言，而代以計算機的新語言），仍在晦澀中摸索。但這是自然再度丟給人的難題。人這個獨特的物種便是這樣一次次通由自然的試煉演化出今天的智慧，經營出今日的文明。

每一個兒童的心智，也因不斷經歷同等艱辛的試煉才一步步發展。這發展的機制或許蘊涵著**自由意志**、**隨機因素與混沌現象**。這些都在告訴我們古典科學主宰下的環境決定論不能說明兒童心智的發展。那麼，到底兒童心智的發展機制，除了皮亞傑的論述外還有無進一步的脈絡，用以說明兒童之間心智發展的差異？

指數律（exponential law）是我們不能忽視的發展規律，尤其在皮亞傑的文明軌道上。相對於混沌現象中的非線性情態，指數律是**古典而清澈**的線性方程，是早為牛頓與拉普拉斯所熟知的自然規律：「變量的增減率（rate of change）與當時變量的大小成正比」。例如人口成長的現象便有指數律的面向：某一地區**每年增加的人口與當年人口成正比**。這樣的指數律在自然與社會現象中處處可見：滾雪球的變大，複利計算，放射性元素的衰變，原子彈爆炸，垃圾堆積與工業污染。

我們好不容易從決定論的影子中走了出來，無意再走回去。指數律是古典科學的一環，它是決定性的線性方程。我們不以機械觀的論斷，強說指數律完全支配人心智的發展。但人的心智發展無疑潛藏著指數律的伏流。舉個例子說：兩個兒童同上一堂數學課，一般而言，原來數學程度較好的兒童，在課後的獲益會較多。一個對繪畫較有心得的小孩，每天透過觀察與感受，領悟到的藝術素材會較豐富，想提筆畫畫的動機會較強，練習機會也因而較多。

這便是指數律：每次增長的與當時已有的成正比。許多時候兒童某方面表現較好，來自大人或環境的鼓勵便較多，而且兒童相互之間也會形成擴大差異的對待關係，原來比較會繪畫的兒童常被其他兒童付托去畫，比較不會畫的兒童則更不敢畫。這種在對待關係中相互或自我定位的結果，更擴大了日後的差異。

由指數律可以推導出心智發展的曲線後來極速在爬升，造成「失之毫釐，差之千里」的差異現象。這現象也類似蝴蝶效應中顯現的對初始條件的敏感，但其敏感度究竟不及蝴蝶效應。它不是混沌現象，相反的卻是累積現象，強調累積對日後差異所造成的重大影響。

兒童的內心世界像罈裡的葡萄在醞釀發酵，像深山古樹下涵蘊的水，無聲無息滲入巖石內部的縫隙，一點一滴聚成山泉。匯為江河。這奧祕的過程中有隨機選擇甚至混沌現象的出現，混沌中有什麼秩序？我們無法確知。但說明累積差異的指數律則揭示至少有這樣一條古典的秩序，伴隨著其他可能的秩序，潛藏在兒童心智發展下的伏流，就像重力之於山泉川流，酵母之於葡萄酒。可是在這裡指數律不是量化的秩序，也不是化約主義下的決定論，它只在點明人與自然皆有累積演化的本質。這個本質，猶如古老傳說中的大石在隨機與混沌一波波新思潮的沖洗中，還在人類千年記憶的沙灘上屹立不移。

有關史金納的環境決定論，在我們這樣的認知下，或已呈現較明確的輪廓。這項世紀的爭議也到了該落幕的時刻。

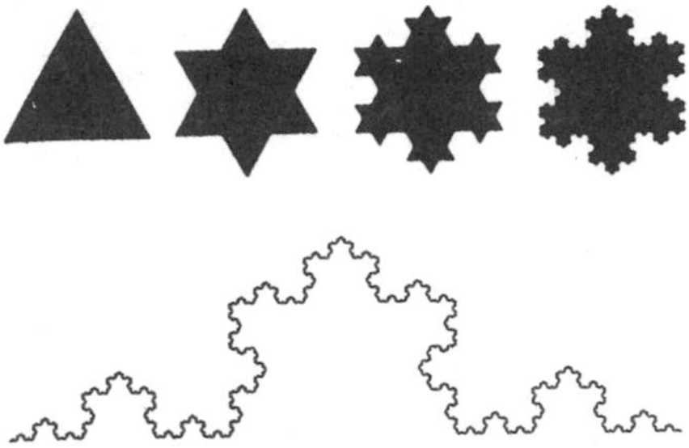

卡區雪花。用曼德布洛特的語氣，就是「一條粗糙但活躍的海岸線。」從一條每邊長度為 1 的三角形著手，在每邊中段，樹立另一塊邊長三分之一的等邊三角形，不斷重覆，邊界的總長度按照 $3 \times 4/3 \times 4/3 \times 4/3......$ 擴張至無限，但面積仍然被限制於環繞最初三角形的正圓之內，於是，一條無限長的線段被關在有限區域內。

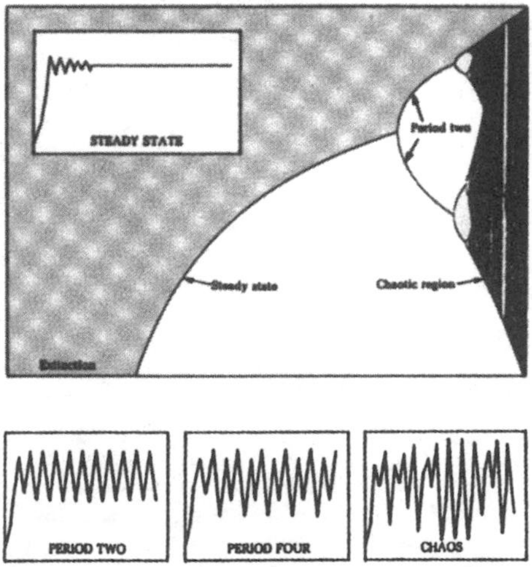

週期倍增與混沌。梅和一些其他的科學家採用一種分歧圖，容納所有的信息，藉以取代單張圖表，顯示族群不同程度的繁殖狀況。這種分岐圖表由一項參數決定系統最終的行為，在本例中，這參數值判定族群之生死，參數值由左到右，最後的數量則沿垂直軸記載。大致來說，提高參數值相當於大力驅動這系統，增加非線性的程度。當參整值很低的時候，族群絶滅。參數值逐漸增加，達到平衡的族群量亦隨之增加（中央），但當參數超過某臨界值，平衡狀態一分為二，就像對流現象增溫過於猛烈，不穩定情形發生，族群數目開始在兩層不同狀況上下彈跳。最後，系統變成混沌一片（右），族群數目包括無限多種數值。（詳閱混沌區放大圖片）。

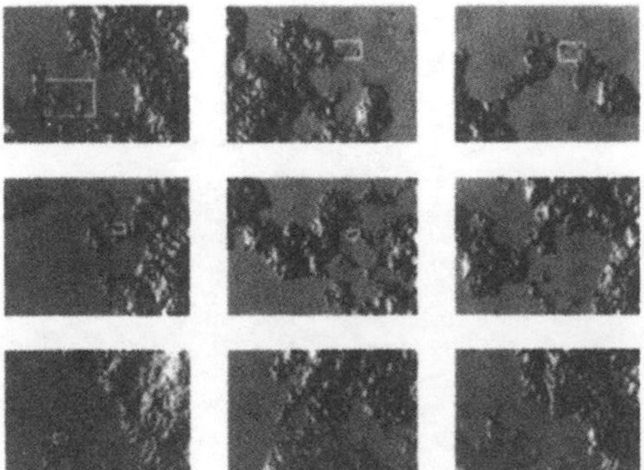

碎形海岸。電腦模擬的海岸線，細節為隨機的，但碎形維度固定，所以粗糙的程度不會因圖片之放大或縮小而改變。

取自《混沌》一書

狄德羅的幽靈

我們現在來探討上文所提的第二個問題：

如果我們將知識界定為人經驗的拓廣，把教育當作拓廣人的經驗，並以人經驗網路的發展刻劃人的心智發展，那麼這樣的教育觀點如何能落實？是否教育內容就應該力求生活化實用化，以與學生的生活經驗相結合？這不就是庸俗的教育觀麼？因為這麼一來教材便無法深入理論的較高層次，不是反而限制了人的視野，使學習的腳步停滯不前？

五十九、知識的解放

從十八世紀百科全書派的創始人達蘭貝爾[1]（Jean le Rond d'Alembert, 1717-83）與狄德羅[2]（Denis Diderot, 1713-84）編纂百科全書以來，知識普及便被當作人類的共同理想在逐步實現，也被看成改善人類社會的關鍵而為世人引頸企望。百科全書派認為，在近代文明興起之前知識被統治者壟斷，成為統治者的工具。具體的證據可迴溯到古埃及。在古埃及，地位屬於統治階級的僧侶，將尼羅河水引至寺廟的地窖，在窖壁上刻劃，祕密地記錄水位的高低，經長年觀測，歸納其漲落的規律，然後假托神旨，預示尼羅河氾濫的時刻，來換得民眾的服從與信仰。到了十八世紀，知識仍爲歐洲貴族專有的統治利器。哲學家狄德羅與其他啓蒙運動的先驅，深刻了解知識對政治權力的鞏固，扮演極其重要的角色，認爲統治階級能千年維持利益與地位，原因之一是它掌握並控制知識，民眾的覺醒要從知識普及著手。威權要靠知識來打破。

這樣的信念體現在狄德羅與達蘭貝爾等人歷時廿年所編成的世界第一部百科全書（Encyclopédie）之中。但兩個世紀過去，難以數計的百科全書已走入千萬人的家庭，同時隨著教育的推廣，知識亦已普及，人類社會就物質水準的提升及對人權與自由的重視來說，果眞是進步了。但是，統治者與被統治者的對立仍然存在，戰爭與愚昧仍然威脅著人的生存與

【1】達蘭貝爾（D' Alembert）爲十八世紀物理學家兼哲學家，在古典力學中，以建立用虛位移處理制限運動的 D' Alembert 原理著名。

【2】狄德羅（Diderot）爲啓蒙運動的哲學家，知識廣博又雄辯滔滔，遊歷歐洲提倡自由思想與無神論。在沙皇宮廷曾與大數學家兼神學家尤拉（Euler）辯論上帝是否存在而留下歷史性的爭議。

和平，宰制人類社會變遷的流向。即以一九九一年三月美國發動的波斯灣戰爭來看，軍方完全壟斷新聞，只有經過嚴格審查後的消息才交給CNN獨家報導。如此嚴密控制的媒體，一手導演出來的是愚昧的愛國民眾在戰勝後熱烈歌頌戰爭。而在東方專制主義下的亞洲各國，即使經濟繁榮帶來政治結構的鬆動，政府仍然嚴密的控制媒體，而成功的**製造出民意**。到二十世紀末，**操縱知識**仍然是統治者竭力以赴，用來鞏固其利益的手段。

這現象反映了如下的問題：

——知識並不隨著百科全書的流傳與教育的推廣，而真正普及？抑或知識雖然普及了，但狄德羅與達蘭貝爾的信念落空，人的愚昧與非理性並不因知識的普及而驅逐？

達蘭貝爾在寫百科全書的引言時，他的立足點是約翰洛克的經驗論。他與狄德羅都贊同約翰洛克的看法；**人先天沒有知識**，是外在物質透由人的感官，產生人的經驗，人才具有知識。從這樣的哲學觀點加以演繹，百科全書派得到的便是唯物論與無神論。因爲從伽俐略的望遠鏡中，人並沒有看到上帝。這時神學家要保有的最後防線，便是把人對上帝的信仰與道德，全當作天生的。而洛克的經驗論認為沒有先天的知識，所有人的知識皆由經驗而來；這在狄德羅的論證中便排除了上帝的存在。事實上，藉由知識打破宗教的支配，帝王的威權，以驅除人的愚昧，建立理性與公義，這樣的思想脈絡便是啓蒙運動時期百科全書派的核心概念。

可是其後歷史的發展只滿足了啓蒙時期人物一時之間的希望。人的愚昧並沒有從此消弭，理性與公義也沒有從此建立起來。當歐洲神聖大同盟集結起舊有的威權與保守勢力，向千萬人民反撲時，時鐘敲了十二下，仙黛蒂拉的南瓜馬車消失了，殘酷的階級鬥爭掩蓋了知識所能發出的光輪，人的歷史隨著工業革命與帝國主義的興起，走入了馬克思預卜天下大事的囊袋。亞洲東岸的日本，經過偉大的明治維新，結束德川幕府。千百部的百科全書遠渡重洋運到橫濱大阪，可是不到半個世紀，日本統治階級卻與德國義大利訂下軸心之盟，發動世界性的侵略，驅策他的人民高呼口號踏上征途，去進行一場人類史無前例的大屠殺。然後一種形式的大屠殺在另一種形式的大浩劫中結束，兩顆原子彈投在長崎廣島的人民身上，當紀錄片在美國軍部密室中放映，軍頭將領爆發一陣陣勝利得意的笑聲，歐本海默（Openheimer）站了起來，不發一言的走開，知識的良心在嚙蝕著這位主持製造原子彈的物理學家。象徵人類高度智慧的近代物理，首次對人類文明做出的貢獻，便是毀滅一個東方民族的人民。無數生命頃刻之間便化爲烏有，其他的則斷臂落腿形容殘缺，生不如死的讓體內的放射毒素時時刻刻在折磨自已直到死亡。對於當初爲研究放射線而以身相殉的瑪麗．居禮，這眞是叫人泫然無語的諷刺與殘酷冰冷的回報。

狄德羅的幽靈尾隨歐本海默步出記錄片放映室，留下滿場或面面相覷或嗤之以鼻的軍頭將領。歐本海默旋即與軍方決裂。而戰後的美國不久便進入白色恐怖的麥卡錫時代，這位原子彈之父被按上莫須有的罪名而遭軟禁，只爲了他覺醒的知識良心。

到底知識是統治階級的工具，只爲統治者服務？還是如狄德羅所相信的，知識能激發眾人覺醒，驅除愚昧，使人從威權體制中解放出來，建立理性與公義的世界？

狄德羅的幽靈在二十世紀的遍地烽火中困惑著。

六十、經驗拓廣與宏觀能力

無可否認的，到二十世紀知識已隨教育、傳播與資訊的發達普及於世界各個角落，但「知識」並未內化為人的經驗而強化密化甚且深化人的經驗網絡，這才是問題的關鍵所在。百科全書、教科書以及傳播媒體所提供的資訊帶給人的是經驗的普遍形式，與不同時空的特殊經驗，但這些是靜態的、分割的、碎裂的東西，其實也局限於約翰．洛克經驗論的架構。根據洛克，知識是經驗的累積，而經驗則為外在物質世界一次次在人天生空白的心智之上，塗寫上去的內容。至於人的主體性，人干擾外在世界秩序以求取知識的辯證互動關係，還遠在當時洛克的視野之外，洛克看不到這點。在十八世紀，辯證法的觀點還沒有成形。洛克之後，到十九世紀黑格爾與馬克思出現之前，一連串的名字：如柏拉圖、阿基米德、休謨、巴克萊（Bishop Berkeley）、康德等都寫在唯心唯物千年論戰的記分板上。

以洛克經驗論為其哲學基礎的百科全書派，自然也未能超越洛克，而提前認識到知識不只是靜態而分割的經驗。事實上洛克之後兩個世紀以來，從學校教育到媒體資訊，所傳遞的知識一直停留在這樣的層次。

知識只有透過綿綿密密的體驗、觀察、思辨與印證等一系列週而復始卻螺旋上升的過程，人才能把外在的經驗內化，接納並藉以滋養自己的經驗，人的經驗網絡才能不斷成長而變得堅實，人也才能通由知識而求得解放。正是在這種意義下，我們才界定知識爲經驗的拓廣。

學校教育的生活化實用化只是經驗拓廣過程的初步，在學習的初期應讓學習者把要學習的新概念放回生活中，與原有看得到、摸得到的東西相結合。但這樣說並不意味著教學的內容始終要停留在生活化實用化的階段。正好相反，教育的目的在於拓廣人的經驗，如果教學內容局限在生活與實用，那麼這樣的局限正好違背教育的目的。因爲所謂「教育的目的要拓廣經驗」的意思是：將人對週邊環境的直接體驗，藉不斷的觀察思辨與印證推廣，延伸成不同時空與普遍形式的經驗。

舉個例子說：在數學科學習小數，許多評量測驗都顯示多數兒童會誤以爲0.039 比0.04 大。這現象反映的是兒童經驗的延伸有了困難。許多教師與家長加以輔導的方式是：告訴兒童應該把兩個數目依小數點對齊，如：

再於0.04之後補個零，使兩個數目的尾巴也對齊，如：

0.039
0.04

0.039
0.040

這時便可擦掉小數點，由40大於39，得知當初是0.04大於0.039。如此兒童便學會了如何比較兩個小數誰大誰小。可是兒童並未因懂得這樣的比較方法，而把他的經驗向外延伸。

換個角度來看，從生活中，兒童可以了解的是一個西瓜切成十等分這回事，要緊的是：教育工作者必須讓兒童回到這件他可以直接體驗到的事情上面，告訴兒童0.1、0.2、0.3是什麼意思，再告訴兒童0.01、0.02甚至0.11、0.12、0.57是什麼意思，等他弄懂了這些，上述如何比大的問題，**要他自己去解決，方法要他自己去找**，倘若他解決不了或找不到方法，原因無他，一定是他還沒弄懂0.1、0.2……0.01、0.02……0.001、0.002等所代表的意思，甚或他在較早較簡單的功課中已跟不上進度。正如波利亞（Polyà）所說，

—當你弄不懂眼前這簡單的東西，那麼這之前一定還有另一個更簡單的東西你還沒弄懂。

在兒童早期直接的生活經驗中，頂多只遇到小數一位如0.1、0.2。至於小數兩位像0.01、0.02已很少出現在生活中，但**教材不能因此停留在小數一位**，有了將西瓜切成十等分的經驗，每等分再切成十等分，這樣繼續十等分、十等分的切下去的事可以**透過延伸想像力**來完成。然後兒童可以進入一般小數，甚至無限小數的普遍形式，其中循環小數例如：

0.3333333……=1/3

0.199999……=0.2

0.125125125……=?

等這類問題都會激發兒童的經驗繼續延伸，朝更高更普遍的思維形式發展。隨著年歲增長，兒童的抽象能力漸漸提高，這時兒童在學習有理數無理數的理論時，上述這些循環小數，非循環小數早已變成他經驗世界裡親切熟悉而易於掌握的東西，變成他直觀的一部份。等他年歲稍長，要把更抽象的有理數無理數與極限理論進一步吸收與內化爲新經驗，便須以這些已納入他經驗世界的循環小數、非循環小數作爲基礎，也以他數年間累積提升的抽象能力，作爲新舊經驗相互印證的媒介。

人類眞正弄懂無理數與極限，已經是十九世紀中葉的事。連看來這樣遠離人世的純粹數學的理論，都不是先天存在的東西，事實上它是因應古典科學（如描述波動的傅立葉〔Fourier〕展開）的需要，在十九世紀數學嚴格化運動（movement of rigourization）下應運而生的產物。一長串的數學家如 Cauchy, Weierstrass, Dedekind, Cantor 都是建立無理數與極限理論的代表人物。如此抽象的數學理論，其實還是人類與自然對話活動的經驗。

從小學算術中像 0.039 與 0.04 等的小數到一般實數論與極限理論，整個系列的過程其實都是人在不同時空下活動的經驗。從古中國的劉徽[3]估算圓周長，得圓周率爲3.14，到十九世紀歐洲Dedekind與Cantor爲近代數學打造地基，兒童學算術也如斯走過時空的長廊。從自身直接的生活體驗出發，逐步與前人的腳跡印證，進入不同時空下別人的經驗世界，把那些別人的經驗吸收融化成自己的經驗。這便是教育要拓廣經驗的意義。在這裡經驗是活生生的，是整體的與發展的，是經過不斷的思索、辨難與印證，才內化爲學習者的經驗，它不是靜態而分割的片段。

這樣經過體驗思辨與印證而內化的經驗，**才有批判性**。其實這也闡明了狄德羅的困惑。理性與公義的基礎是人道主義，但這裡我們所指的人道主義**不是道德上的，而是認知上的**（也因此稱人本主義較爲恰當）：由自身的體驗，經過主客觀點的轉換去了解事物的不變性，了解經驗的普遍形式，每一點每一滴的知識都是這樣形成的，而不是把靜態而分割的概念，空投在人的心智便發生知識。譬如對戰爭的了解是透過文學或眞實的描述，把自己投射在生離死別的人物身上，目睹烽火遍地，親人與無辜被強暴虐殺的慘景，把自己平日生活體驗的感情愛憎，延伸到血與淚的戰爭煉獄之中去檢視，而不是停留在欣賞電影中虛構的戰爭畫面與勇士們英雄式的情節，陶醉在愛國主義的文宣與歌曲聲中。許多初次進入戰場或陷入戰區的人，都在一夕之間發現戰爭遠非原來他所想像的那個樣子。這是經驗的斷層。它顯示出許多人自身的經驗並沒有延伸到不同時空下的別人的眞實經驗，與之印證，碰撞或結合。因此他原先所擁有關於戰爭的「知識」，便不是經驗的拓廣，起不了批判的作用。

所謂知識爲經驗拓廣的意義，便是人不必事事身歷其境而能將自己的經驗延伸到不同時空，便能通由內外經驗的碰撞，印證、思辨與抽象去發展成普遍形式。在這種意義下知識才能蘊涵理性與公義，也是以這種意義，知識才能引領人看到較遙遠較長久的事，訓練人養成一種較能超越時空的宏觀能力。正是有了這種宏觀能力，理性與公義才能從知識中再脫胎孕育再萌芽成長，人才能從不同時空下的別人經驗，去吸取教訓，在反省與批判中去發展新生的事物。人也才能因有了知識而免於再受愚弄，從統治階級刻意虛構的幻夢中覺醒，從消費

【3】劉徽，三國時人，二六三年著《九章算數》，做割圓術，求得圓周率約 3.14，並作高次比例測量。

廣告精心編織的迷網中逃逸，而得到解放。

也許這才是啓蒙者狄德羅與達蘭貝爾在兩個世紀前想要做的事，才是多少知識良心遺落在風裡的答案。

普遍世界的陷阱

人本主義的基本觀點，是將知識界定爲人在這世間的經驗拓展，把教育的目的定位於拓展人的經驗，以促成人的知性成熟，進而過渡到人格成熟，同時用人自身經驗網路的發展來刻劃人的心智發展。

現在我們來探討前文留下來的最後一個問題：

——人的經驗是什麼？經驗是主觀的，知識則講求客觀，把知識界定為經驗的拓廣，是否模糊了主客之分，降低知識的客觀價值為主觀的經驗？

六十一、兒童的自我中心

一般兒童的自我中心，其意義屬於認知而不屬於道德。在西方思想史上，霍布斯（Thomas Hobbs, 1588-1679）或許是第一位明白肯定每個人都依自己利益行事的近代思想家，他毫無眷戀的走出伯拉圖的烏托邦，走出亞里斯多德把人類福祉寄託在自我實現的大夢。他認爲人在自然的狀態中，由於自利，無可避免地將與其他人衝突與交戰。這樣的主張使得他與中世紀基督教的社會哲學決裂，而被視爲最早具有現代性的個人主義者。霍布斯進一步認爲，人的社會組織（霍布斯稱之爲公民聯合體〔civil association〕，例如國家）主要的職責應在於維持人互相競逐時的協調與和平。

在歷史的實踐意義上，霍布斯的觀點是進步的。他徹底質疑了中世紀基督教揭示和諧社會的虛假面目，以及由這虛假面目爲基礎導致的集體主義。他的觀點亦激發了近代自由主義的興起。可是做爲**純粹哲學的論述**來看，他的說法**頗有爭議**。

幼兒的行爲反應出人較多成份的自然狀態。一般人把幼兒搶奪玩具當作人天生自私的證據。事實上，幼兒之自我中心**是認知性的**。人初生下來，面對完全陌生的世界，求生是人的本能，而**求知則爲求生的延長**，幼兒離開母體後要能迅速認識世界，才能獨立生存下來。可是初生之時，人的智力不及於青蛙蝴蝶，人所有的知識皆起始於他與世界綿綿不斷的互動。通由感官傳來的知覺，則爲互動關係中唯一的媒介。

換句話說，幼兒只能認識到他感覺得到的東西，而所有的感覺都由他自己的感官出發，離開他自己能感覺的領域，他便一無所知。在他出生後很長的一段時間內，他**無法意識到別**人的感覺。當他搶奪別人手上的玩具時，他不能感受到別人的難過。不像成人把別人所擁有的搶過來據爲己有時，已明知這樣的行爲會帶給別人痛苦；而只有在後者的情境下，搶奪的行爲才能看成自私的表徵。

所以說**幼兒的搶奪玩具是認知現象，而非一種道德現象**。這是天生心智發展上的一種限制，不能由此證明人的天生自私。

霍布斯認爲人利己排他的行爲是天生的，而借助於社會組織可以減緩人相互間的衝突。事實上人天生除了維持生存的需求以發展自己之外，在幼兒階段**找不到**利己排他的證據，是既有的社會組織本身反過來模塑人的價值，使人進行無節制的侵佔與掠奪。人沒有天生的性惡，亦無天生的性善。

與英格蘭早期以霍布斯爲代表的個人主義相對照，自由主義在歐洲大陸則賦與人抽象的自然權力，同時本身也帶有樂觀的向善主義（meliorism）。法國啓蒙運動時期的思想家如盧梭、狄德羅[1]、康德都相信人的理性，尤其孔多塞（Condorcet, 1743-1794）寫《人類進步史》（The History of Human Progress, 1794）時，更斷言人類理性終將戰勝古來的種種愚昧的行爲——**戰爭、暴政與專斷**。

但兩個世紀過去，戰爭、暴政與專斷仍處處宰制著人類社會。——人的理性是什麼？理性與人的解放究竟有無干連？還是說，理性反過來只是無知與冷酷？甚至反過來吞噬了人？

六十二、理性與普遍性

理性不是先天對立於情欲的東西。相反的，他本來是人的情欲朝向普遍世界的延伸。在人類社會的生產力相對短缺時，理性或許會對情欲加以節制，甚而起了衝突。但在豐裕社會裡，理性與情欲的對立，大半則來自前述**經驗網路的斷層**[2]**：人太快或太輕率的從有限的特殊體驗，跳躍到普遍形式，會掉入普遍世界的陷阱**，使理性變質。

理性是人類這一物種的特徵。在其他生物的身上，我們看不到理性。事實上理性也是早

[1] 參見本書〈狄德羅的幽靈〉。

[2] 參見本書〈經驗的斷層〉。

期人類一步步創造文明的同時，所發展出來的能力、思維方式與特殊的智慧。自然本身便蘊藏著精確細密的因果關係，叫人驚歎的一致性（consistency）與無盡奧祕的法則，人透過自己與自然的密集互動，在創造文明的長久過程中，觀察**自然中的理性**，由此感悟而發展出人的理性。人的理性是一種屬於文明的能力[3]，是一種以永久客觀的不變性為基礎，從事形式運思的思維方式。這種能力與思維方式，使人類擁有異於其他生物的特有智慧與文明。

在人的幼兒身上，從認知上的自我中心到永久客體的理解，這一系列**非中心化**（decentralization）過程的演進，便相應於人類發展理性思維的文明歷程。幼兒從感覺動作期，前操作期，具體操作期成長到十二歲左右的形式運思期走過這條皮亞傑軌道，才開始有了文明能力，去做抽象思考。最初他只能以自己的感覺去捕捉世界，認識世界。他搶奪別人玩具時不知別人被搶時的痛苦。慢慢透過投射，把自己投射在童話中的人物身上，他開始感知仙黛蒂拉的哭泣，皮諾裘的恐懼與安本末子的孤苦無依。他開始明白原來**不只有他一個人會有**悲喜。同時人類進化來的文明能力，也讓他漸次明白：人的對待關係具有**可轉移性**（transitivity）。

換句話說，非中心化的演進程式，讓他開始理解：如果人家搶走他正玩著的東西，他會難過，那麼當他搶別人手上的玩具時，別人也會難過。啊！悲喜原來是有普遍性的，普遍性存在於每一個同他一樣的人類的心中（不止他自己有悲喜）；悲喜也普遍發生在同樣的情境，同樣的條件下（例如一般說來，甲搶乙的東西，乙會不愉快，不管甲與乙指的是誰）。這時候他開始學會同情，逐漸懂得群己界限的平衡位置，而開始建立起心中的道德原則。也因爲這個緣故，知性的成熟與人格成熟之間的過渡，才有脈絡可循。

理性是這樣累積發展出來的產物。單靠外來的訓誨或文字語言的教導，人不能發展出眞正的理性。理性事實上指的是用普遍性的觀點去看待事物的態度，把一己或某族群某階級的特殊利益與特殊情欲抽離，讓所有人都平等的被對待，讓所有人的利益與情欲都平等被照顧到。法國大革命時喊出的「自由、平等、博愛」會這樣震撼人心，它的出發點原來是啓蒙運動思想家們所努力倡導的理性主義。

【3】參見本書：〈語言的迷思〉及〈童稚世界無限〉。

如果人類都能學習用這種去除一己一族之私的普遍理性去面對世界，那麼人類將得到解放，這便是啓蒙思想家們的**向善主義**。「自由」對抗的是政治的威權，「平等」質疑特權的正當性，「博愛」則進一步肯定人的歸屬，肯定公民同胞一體的命運[4]。這三個口號都以人的普同性，以人的普遍理性作爲基礎。

六十三、變換觀點與不變性

人的幼兒，依據人類演化成功的遺傳設計，只要在文明社會中長大，到一定年紀（十二、三歲左右）都可以學會掌握事物的不變性，學會抽象運思，而走入思維的普遍世界。這是皮亞傑學說的論點與貢獻。

不變性，抽象與普遍世界，是相互密切關連的概念。我們費點篇幅來加以說明：日、月、車輪、時鐘都是具體世界的東西，「圓」則爲抽象的概念，屬於普遍世界。日、月、車輪、時鐘，其大小、顏色、構成內容及功能雖彼此相異，但亦有共通的性質：例如它們都有中心點，中心點到圓周各點等距，又例如自其外一點皆可作兩條等長的切線。這些性質便是「圓」

這一抽象概念的不變性，這些性質放諸日月車輪時鐘上來看，無一不對，不因在太陽在月亮在車輪在時鐘上來看而變。所以這些性質都有著普遍性。

「數」、「長度」、「面積」、「體積」、「重量」等的概念，也是抽象的普遍的概念，例如「3」這個數，是三片麵包、三個蕃茄、三塊餅乾、三個人、三隻青蛙、三棟房子、三根冰棒、三條牛……等具體事物的抽象，「3」這個抽象了的觀念，不因物體的形狀大小、材料內容而變，「3是2加1」這件事也同樣不因計量的是麵包、蕃茄、餅乾……而變，因此具有普遍性。皮亞傑透過檢驗兒童對這些概念的不變性能否充分掌握，才建立起他的發生認識論。例如把定量的水，自高瘦的透明杯倒入矮胖的透明杯中，五歲以前的兒童很難弄明白這樣的事實：水的體積多少，並不因杯子而變。

「能量」對於大多數的成人，仍然是曖昧晦澀的概念，原因歸之於人文明的歷史。從「數」、「長度」以迄「面積」、「容積」、「重量」的概念，早在兩三千年前各民族都已能夠掌握，

【4】John Gray,《Liberalism》，中譯本譯者傅鏗、姚欣榮，桂冠新知叢書，頁二〇六至二一二。

「能量」則要到十九世紀工業革命中才由歐洲人首度認識。能量可以在位能、動能、光能、熱能、電能與化學能等不同形式之間轉化，其實是近代文明最偉大的發現。到二十世紀初，人類知道「質量」與「能量」甚至可以互換，更開啓了現代科學的大門。質能的不變性，事實上是西方物質文明的核心概念。

在認知上透過抽象，掌握普遍世界的不變性，用康德的話說，發展的是純粹理性（pure reason）。同樣的事發生在道德上，則稱爲實踐理性（practical reason）[5]。

教育兒童，不時變換兒童的觀點，以激發兒童不斷去體驗不變性的概念，是**促使兒童提早進入文明的方法**，也是催化兒童心智早熟的關鍵之一。例如當兒童坐在父親的膝上盯著父親的瞳孔說他在父親的眼中看到了他自己，父親便順此反問：

—那麼爸爸在你的眼中又看到了誰？

這時兒童須要變自己爲父親，轉了幾折從父親的角度去想問題。又例如講故事時把兒童變成青蛙，從青蛙的眼中回看人的世界，回看兒童自己原來的言語舉止，或在故事的情節中，將兒童變成小矮人。在草叢裡遇到貓狗、體型對比的大小倒置，促發兒童脫離單純的自我中心去看世界。

變換觀點的方式不只由人爲的外造，更要有自然的內發。如何塑造環境，例如遷徙、遊戲、閱讀、討論等，以激發兒童主動變換觀點，是教育工作者可以努力予以落實的事。

隨著人認知上的抽象能力逐步在發展，人的道德判斷才會有可能形成。換句話說人開始脫離認知上自我中心的局限，學會變換觀點，把自己投射在別人身上，去理解某種行爲發生在別人身上的感受，理解人的感受有一定的普遍性，他才能建立起較堅實的道德觀念。只依賴言教與宣導，必然流爲道德教條，使人陽奉陰違，或使人只知壓抑自己，無法內化爲人的德性。

通常我們說小孩不懂事，指的一方面是他認知上的這種**變換觀點的抽象能力尚未成熟**，另一方面則爲他**無法預知**他的行爲可能引起的**一連串後果**。

【5】參見本書〈人即目的〉及〈自然的子女〉。

但認知上抽象能力的成熟與預知其行爲會引發的後果，並不一定會導致德性上的善。設使小孩自幼出現在他的周遭，引起他認同崇拜的人（如父母、哥哥或大玩伴），盡是以欺侮別人，凌虐弱小爲樂事，而耳聞目睹的故事中，鏡頭聚焦的主角亦全是逞威嗜殺、目無生靈的所謂「英雄人物」，那麼他在行爲準則的抽象過程中，所變換的觀點全圍繞在這些人物身上，所形成的道德判斷自然不是善性。因爲他不容易感受到弱者的痛苦，只認同於強者的快慰。也緣於此故，人本教育者要做而能做的事爲：

—(一) 基於兒童原始的創造特質，發展兒童認知上的抽象能力。

—(二) 塑造多樣化的環境尤其著重身歷其境，並廣泛引介種種素材，透過體驗、思辨、感悟與討論，豐富兒童的經驗世界。

—(三) 適當選擇教育內容的鏡頭所採取的角度及所聚集的人與事，以涵育兒童的人類愛，並引領兒童批判的投身於人類大文明的創造活動之中。

—(四) 在日常生活中流露自由、開明與尊重的處世態度，施以自然流露的身教。唯不是借助說教與依賴強烈的價值判斷，以從事道德教育。

六十四、理性大夢

人的理性亦只有通過這樣的成長過程，才能迎向啓蒙運動者所揭示的「自由、平等、博愛」（liberty, equality and fraternity）的理想前進，也才可能蘊含向善主義的樂觀。換句話說，理性即爲：採用普遍觀點看待世事的態度。健全的理性便應具備：

—（一）抽象化與普遍化的能力
—（二）由特殊到普遍的累積體驗
—（三）足夠充分的資訊。

固然皮亞傑的認知理論斷言，每一個在文明社會中成長的人到了十二、三歲皆有抽象能力，可以從事形式運思，事實上每個人的抽象能力的發展水準，仍有不同。皮亞傑所談的抽象能力，其實不是絕對的，而是相對於自文明的內容中抽象出來的推演能力，因此會有顯著的城鄉差異與族群（含階級、種族、性別）差異。他所指的是人類文明到十七世紀之前發展出來的抽象思維的法則，至於十九世紀數學嚴格語言[6]，及二十世紀邏輯基礎[7]所相應經營出來的更精密更細微的思維法則，則不包含在皮亞傑的認知領域裡。

另一方面，十七世紀以前發展出來的抽象思維的法則，包含古代希臘人的論理方法，如歐幾里德的公理系統與蘇格拉底式的論證，也未全然納人皮亞傑抽象能力的範疇。皮亞傑所說的是人到十二、三歲時，可以離開具體事物開始做符號性的思考，可以接受初步的三段論法。但眞正抽象能力的水準，仍因人而異。換句話說，人變換觀點與抽取不變性的能力，依個人發展的情況而有高低。有些人較擅長於抽象而普遍的運思，有些人則始終只局限於具體而特殊的事物，才能從事思考。有些人很快的可以從不同觀點的變換，去找普遍性，有些人則只能從單一的角度去看問題。

但是，普遍性的觀點有個可怕的陷阱：人做抽象思維，在找普遍性之時，如果沒有累積對眾多特殊事物的長期體驗，所得的普遍性知識，其實只是別人告訴他的一些訊息。他人的經驗沒有經過與自己的經驗相互碰撞，相互印證，相互結合，便不能成爲自身不可分割的部份。這種普遍性的知識，其實是虛假的知識。如果這些虛假的知識，又沒有放回自己的特殊體驗中去經歷不斷的修正與檢證，它們會反過來支配人的思想，而以這種虛假的普遍性知識建立起來的理性，是虛假的理性。這種虛假的理性不只不會促成人的解放，反而會吞噬人，踐踏人的存在與價值。其實這也是齊克果之遠避黑格爾、霍克海默之批判實證主義，與啓蒙者狄德羅、孔多塞的理性大夢在世紀的遍地烽火中幻滅的緣故。

六十五、童年與解放

人在充滿偏見的文明社會中長大，思想經常會套上多重的桎梏，而不一定自覺，甚至把這層層的桎梏隨時強加到別人身上，而不自知。

【6】指 Cauchy, Weierstrass, Cantor, Dedekind, Lobatchevsky 以迄 Hilbert 等人，於十九世紀所發展的嚴格化運動（rigorization movement）。從這運動之後，建立起來的近代數學分析，便以 ε、δ 語言爲起點。當代數學家檢視此一語言者，有謂「人分成兩種，一種人可以弄懂 ε、δ，一種人永遠弄不懂」，此論頗有爭議。但從這起點發展出來二十世紀的抽象語言，又遠遠超越歐幾里德及皮亞傑所論的抽象水平，這說明了人的抽象能力不止於三段論法的邏輯。

【7】指 Gödel 與 P. Cohen 關於 Consistensy 及 Independency 的工作。

什麼是解放？解放是讓人從這多重的桎梏中掙脫出來。這一層層桎梏譬如既有的社會價值及規範、國家安全、宗教種族性別及階級之歧視、代表普遍世界的知識及理性等，在人進入文明社會一段時日之後，便牢牢綑綁了人。解放是還人以本來面目，讓人能用童年時認識世界的方式重新體驗世界。這種認識方式的特質是把知識作爲整體來了解，是無畏無休的嘗試錯誤、體驗與思辨，是免除人爲的偏見。用童年這種特質去體驗世界，並以人進入文明之後逐步形成的抽象思維，不斷去進行價值規範與知識之解構與重構，而抱持懷疑主義的精神去破除教條，縫補並堅實自身內在的經驗網絡，成爲獨立自由的個人，這便是人的解放。

整體了解是人解放的基點，也是童年世界的特徵。在兒童的心目中，世界是一整體，知識也隨著是一整體。母親的悲喜、村里市鎮的作息分工與日月草木之變幻多姿，對於兒童是一體而不可分割的。而母親、村鎮與日月草木則分別爲文明知識中之人文學、社會科學與自然科學的原形。可是人進入文明的軌道，尤其到了近代，專業分工過份精細，人對世界的了解卻只局限於狹隘的專業，人的知識因分割而碎裂。原本專業知識像船，整體了解像大海。整體了解使人認識自已與世界，使人通達而自由，使人建立起解放的生活態度與生命價值。

有整體了解作爲基礎的專業知識，尤其專業研究與創造，會使人深刻體會到文明知識大殿堂中的每一磚一石，都曾注入前人多少智慧與心力，而願意批判地把自己投身於人類文明的創造活動中。這時專業知識，也會深化人的整體了解，使人對世界的整體了解不致華而不實。

但失去整體了解的專業知識，會阻滯人的思想，使人設限在小小世界之內，猶自以爲尖端而優越。人沒有整體了解，其專業知識便容易流爲純技術或變爲社會組織的工具，數理科技如此，詩詞歌賦亦然。事實上，專業知識原本是人的創造活動所留下來的經驗。文學藝術是人對人世的刻劃，數理生物則爲人與自然的對話。當專業知識不再是人的活動經驗，而只變成工具，那麼人便也異化爲工具。這是文明社會在物質豐裕的同時，所面臨的一種難以解決的困境。

哥本哈根的古諺

六十六、哥本哈根的古諺

我們來處理上文所留下來的最後問題：

——經驗為主觀，知識為客觀，把知識界定為經驗的拓展，是否混淆了主客之分？

客觀性不等同於絕對性。明白區分知識的客觀性與絕對性，是重要的事。人時常會因爲知識客觀，而誤以爲知識是絕對的。這種誤解容易養成思想上的專斷。其實我們常說「知識是客觀的」，我們所指的是：知識的內容不因觀察者不同而有異，例如不同的觀察者測量重物掉落地面的速度時，都會觀察到：重物並不是等速的下落，而是越接近地面，速度越大。所以這個現象是**客觀的**現象。由於這種客觀現象的存在，我們猜測**自然界有客觀的規律**。可是我們所敘述的客觀規律**是不是絕對的**，我們並不知道。原因是雙重的：第一，我們的敘述無法細緻到把所有必要的假設條件完全包羅其中，例如通常我們雖假設沒有空氣摩擦力，但還是有其他可能的干擾因素，使我們無法在假設中一一列舉出來而加以排除。當我們努力去把我們的敘述，修正到沒有遺漏時，我們會發現：我們的敘述只好放在理想的模型世界裡（例如牛頓力學的抽象體系）。可是模型世界只是**逼近的描繪了**實際世界的規律，卻**不等同於**實際世界本身。前文[1]所提及的實際世界（不只自然界，人文與社會亦然），其本質也可能是或然率的，是渾沌的，甚或是哲學的的。波爾（Niels Bohr）與愛因斯坦關於隱藏變數（hidden variable）的世紀爭論，費因曼（Richard Feynman）與超弦學派關於「世界是十維（of ten dimensions）」的不同看法，都使我們對於用來逼近實際世界的模型，到底能**多真實的逼近**（approximate）實際世界，感到不能如往昔科學家拉普拉斯（Laplace）那樣的充滿信心。

宇宙與其中生命都是發展出來的，自然界固然蘊含叫人驚嘆的一致性，但其祕密內部的深處是否存在若干程度的矛盾，不確定性與無真偽性？這一連串的問題對於人這個物種，這個在宇宙中瞬息生滅的過客來說，也許是永遠無解的謎。所謂**絕對的真理**，以對於人類如此深受自然制約的認知水平來說，也許是永遠只是奢侈的，不可企及的夢幻寶石。當人攫取了一些知識，便上台輕率的宣稱它是絕對的真理，這時專斷主義的怪獸正斜躺在講桌下，附合

【1】參見本書〈千年記憶的大石〉。

的用中指輕敲著講台的地板。

其次，即使在我們的模型世界裡，絕對性亦遭受質疑。在模型世界裡，我們用的是演繹推理。是文明的思維，是文明最偉大的利器。它的無懈可擊，它的眞實性，使羅素與摩爾（G. E. Moore）忘情的大喊：

—過去被認為沒有內容的邏輯世界，忽然變得真實而富麗多姿。數學可能是完全真實的，並非僅僅是論證的一個階段。

唯模型世界依靠邏輯的演繹推理。牛頓力學可以化約爲幾個基本運動定律，然後透過邏輯去推導完成。邏輯是數學的基礎。可是一九三〇年哥德爾（Kurt Gödel）證明，嚴謹可靠如數學的領域，都出現一些在目前邏輯系統中無法判定其眞僞的敘述（undecidable statements）。眞僞的判定對有些數學命題，居然被證明爲不可能！文明思維的的基礎，因此動搖了。哥德爾的論證向世人提出了這樣根本的懷疑：

—連邏輯的絕對性都動搖了，知識還可能是絕對的嗎？

釐清知識的客觀性與其絕對性的分野，並抽離絕對性的幻象，知識的客觀性才顯得清楚而眞實。這時候界定知識爲經驗的拓展，便與知識的客觀性相容而不相衝突。經驗的拓展是動態的過程，當人面對世界，把自己的觸鬚伸向自然與人世，而拓展經驗的同時，他是藉由自身經驗不斷與處於不同時空之下的人類——個體或集體的——經驗，相互碰撞相互印證，這時候人才發生了知識，可是這樣發生知識的過程，早已包含了所印證的經驗是否爲客觀的判定。換句話說，知識的客觀性其實是蘊含於人經驗拓展的過程中，而被深刻體會的。所以界定知識爲經驗的拓廣，並沒有模糊了「經驗爲主觀，知識爲客觀」的分際，反而把每一件發生的知識是否爲客觀的判定，一併納入了人的經驗網絡之中。

在結束本書之前，我們必須指出書中已提出了若干根本而深刻的問題，也試圖解決過其中一些問題。可是更重要的是，我們留下了更多提出問題的空間。這些問題要由讀者自己來提出，然後自己去解決。如果這本書曾帶給讀者一點好處，那麼那好處是來自於讀者與作者的經驗起了碰撞，在碰撞中發生了新的問題。

至於什麼是眞理？尼爾斯．波爾在他與愛因斯坦的歷史爭論中有一短話，頗引人深思，我們將它轉述，作爲本書的結語：

—在哥本哈根的研究所，我們經常說些笑話來自娛，其中有的笑話是關於兩種真理的古諺。這個古諺說：世上有兩種真理，第一種真理是眾人皆知的常識，它簡單明瞭，以致於其**否命題**一眼便看知不能成立；另一種真理則為所謂「深刻的真理」，這種真理的**否命題**恰好也同樣是「深刻的真理」[2]。

【2】 In the institute in Copenhagen,we used often to comfort ourselves with jokes, among them the old saying of the two kinds of truth. To the one kind belong statements so simple and clear that the opposite assertion obviously could not be defended.The other kind, the so-called "deep truths" , are statement in which the opposite also contains"deep truth" .

— *Niels Bohr,*" *Discussion with Einstein*" .

附篇

本書一九九四年初版序

校完這本書的時候，一連有幾位朋友問起：童年與解放，這一柔一剛，看似南北兩極的東西，怎麼會扯在一起？

書名本身便引發問題，是我始料不及，卻高興看到的事。有問題，才有知識的發生；而童年與解放兩者之間盤根錯節的關聯，正是本書想要探討的一個主題。

書的前半談的是童年的原始創造特質，後半則論及人的思想解放。我試圖分析兒童的語言秉賦，指出兒童學習語言的機制，其實是兒童感知周遭事物時的整體了解，並說明整體了解正是兒童世界的特徵。另一方面人思想解放的基礎亦爲對待世界的整體了解，分割的知識會加強人的恐懼與束縛，整體了解則使人通達而自由。這樣的觀點，便把童年與解放兩者自然連結在一起。但這樣的連結，究竟是靜態的。透過人的成長、發展與解放，這一相互糾結、不絕如縷的辯證過程，我們才得以掌握童年的內在變化與人的思想解放之間，遠較細密而深邃的動態關係。

這個動態關係，其實也架構了書中所要展現的世界觀。正如其他任何文本一樣，本書也無可避免的帶有一種世界觀。而且這世界觀的背後，有個較嚴整的體系。體系的起點，不是傳統哲學中的上帝，也不是理性或具有實踐內容的良知，而是人的幼兒與生俱來的原始創造特質。這種創造特質是一種能力，一種企圖認識世界的態度，以這種特質不斷去建構與解構知識，來求得人的思想解放，事實上便是書中的重要論述。

唯本書不用演繹的方式去鋪陳體系。演繹會讓書的論述益加封閉而沈悶。爲了使得書中的內容與讀者的經驗隨時有著共鳴與印證，我採用較自由的文體來呈現相關的思想，並使書的寫法帶一點散文的氣味。讀者不必從頭一章章讀下去。可以先跳著選一兩章比如說〈聖誕節的煙火〉或〈跌倒的次數沒寫在臉上〉直接切入。每一章都可以自成單元，其中如果引徵了前文論點，我則盡量在注解中指出所引徵之章節位置，讀者可以看完該章後，在回溯前文有關章節。

很自然有人會質問：「建立這樣較嚴整的體系，有什麼意思？」由於我自己原來也抗拒大架構，所以我不能不回答這個質問。

我們生活中確實有很多事逃不開人較根本的世界觀。譬如說有一次朋友問起我爲什麼那麼怕常上電視，是不是不喜歡出風頭？我一向避免讓自己落入道德的陷阱中去看問題，出不出風頭，當然不是我在乎的事。常上電視對我來說會變得怪異，原因是你拋頭露面與許多人談了許多話，可是他們是誰，他們在哪裡，你一無所知。而對於他們，你卻如此貼近的走進他們的客廳與房間，與他們侃侃而談。電子媒體在你對他們一無所知的情況下，把你自己的臉、表情、言語、舉止，如此眞切的放大而且烙印在他們的生活中。這種人與人之間，沒有回應沒有互動的不平衡關係，看似眞實，卻是虛假。

這麼說，是不是我們應該排斥電影？不，我的看法正好相反，電影裡頭的演員，演得不是他自己，而是一個虛構的人物。編劇與導演透過虛構的人物與故事，來呈現人世的眞實。兩年前爲了剖析台灣教育與政治糾纏不清的現實，一些年輕朋友與我合拍了一部《笑罷童年》的論述性影片，由於人力、物力的限制，我自己也只好扮成演員。有人問我：「爲何你不與觀眾素面相見？還須裝扮，不反而顯得虛假？」理由很簡單，我不在演我自己。倘若演的是我自己，那才虛假，因爲我個人在劇中沒有任何普遍意義。好的小說藝術，是透過特殊性的刻劃，去呈現那普遍人性；或者說，是用虛構的手法，去表達人世的眞實。反過來，那些赤裸裸的所謂眞實，像電視上眞切而放大的人物畫面，卻是赤裸裸的虛假。

連眞實與虛假，在生活中都如此不可思議的倒錯。會如此倒錯，是因爲人有不同的世界觀。這本書所要呈現的世界觀，則回溯於同年特質中所涵蘊的眞實，在兒童世界裡取得演繹體系的起點。

這本書，當初也不是在一個洋洋灑灑的事前計劃下，動筆寫成的。其實他是二十一篇系列文章，經過修改後的結果。一九八九年十一月，我應史英之邀，爲人本教育札記寫一系列思想性的文章。由於數學專業訓練的癖好，動筆之初變暗自舖成了體系的結構，以貫穿每一篇文章的內容。也因此到今天匯集成書，是順理成章的事。

我必須感謝史英、朱台翔與人本教育基金會及其他各地分會、森林小學，及其他角落從事教育改革的所有可敬的朋友。是他們對教育的熱忱與奉獻，把教育改革推展成社會運動。藉由社會運動，這一系列如此艱澀難讀的文章，幾年來才能在台灣由北而南，引起眾人的注意與討論。我尤其感謝出版部周聖心，她每次催稿、等稿、改稿之時的鼓勵、耐心與寬諒，使我能維持每期四五千字，一路寫完二十二篇，將近十萬個字。如果不是聖心，以自己個性的疏懶，我老早便已中輟停筆，這本書也不會有今天這樣完整的面目。

黃武雄 寫於
一九九四年仲夏

台灣反對運動反省系列
——金粉紅粧的形象

這篇長文寫在十二年前，時間大抵是作者在《人本教育札記》書寫《童年與解放》系列文章的後期。《童》書談的是一種世界觀，這篇長文則把這種世界觀衍伸到政治實踐面上，企圖對當時台灣的政治現實做比較深入的社會分析。任何哲學體系都不能避開政治與社會。如果《童年與解放》嘗試要建構的是一套思考問題的系統，自然也無法不回應當代當地社會發展與政治現實的問題。

我選擇在《童》書重印之時，將這篇分析政治實踐的長文收錄在衍本之中，旨在體現《童》書所揭示的世界觀，如何施用於政治現實。至於它如何施用於教育現實，則在作者近作《學校在窗外》（左岸．社大文庫）一書中詳明。

本書重印付梓之時，台灣正經歷二〇〇四年總統大選的震盪。藍綠兩營各坐擁一半選民的支持，並挾此聲勢相互抗頡。台灣社會正在撕裂，許多人日夜處在難以宣洩的焦慮之中，家庭之內、朋友之間、同事同學之中亦因彼此政治立場不一，或因族群意識各異，而瀕臨失和。在平面與立體媒體不斷炒作新聞日夜疲勞轟炸下，整個島嶼四處瀰漫著一股詭譎不安的氣氛。

半個多世紀以來，就空間來說，台灣因長期戒嚴而陷於封閉；依時間而言，則因政治控制而去歷史化。整個社會承受自閉與失憶的後遺症，卻毫無自覺，每個人都憑著自己對時空一小段的認識，在高談闊論，為自己貼政治標籤而分向兩極。民間失去主體性，人民力量因被政治人物極度動員而陷於癱瘓。

在我看來，即使是眼前台灣社會的撕裂，都肇因於集體自閉與集體失憶，肇因於內部成員的自身經驗無法跨越時空，融入別人（含對立族群）的經驗世界。現階段的癥結是：一方因未來的不安全感而暗懷恐懼，另一方則因歷史的傷口迄未癒合而積壓不平。要促成融合，唯有面對問題，直接對話，以增強相互了解，彼此穿透經驗。但更根源的起點，仍為個人要從集體意識的支配中解放出來，重建人的主體性，進而再連結自己與周遭世界的一切，在跨越時空與世界重新連結的基礎上，重構每個人的世界觀。

一九九二年書寫這篇長文之時，台灣解嚴（一九八七年）前後風起雲湧的民主運動已逐漸沉寂，但此時立法院仍尚未全面改選，總統直選制更未在當時統治者的內部取得共識。當時的「統治者」仍為現今在野的國民黨，而這篇長文中所謂「反對黨」指的是，經由七〇年代的黨外（國民黨之外）到八〇年代中期突破黨禁組黨成功的民進黨。

二〇〇〇年總統大選之後，朝野易位，民進黨已從當時的在野黨翻轉為執政黨。但對我來說，「反對運動」指的是民間自主的社會運動，而非在野黨所領導為追求自己政黨利益與執政權力的政治活動。把民間社會運動的自主性樹立起來，才能與政治菁英掌控的政治權力區隔，以實現公民社會的理想。文中「反對力量」一辭，意指認同社會民主、爭取人民整體利益，為實現公義社會而努力的人民力量。至於反對力量能否提升，進而崇尚個體自由，重視人與自然的和諧，認同弱勢階級，性別與族群的處境，堅持世界和平，須借助於社會參與及社會學習的社會機制，這是台灣社會須及早正視的工作。

雖然這篇長文書寫時間遠在一九九二年，政情早已今非昔比，但事隔十二年，文中所論仍為今日政治弊病的癥結所在。

又因長文書寫的日期在《童年與解放》原版本完稿前夕，兩者立足點與用詞多處相近，正好將《童》書所述的理論與這篇長文所談的政治實際聯繫在一起，為理論與實際搭起橋樑。

作者誌於新店　二〇〇四・三・二十五

多年來，爲文批評的對象都是統治者。對於反對陣營，總期待它在運動中能發展出自我檢視與自我修正的能力，因此能支持便默默支持，始終不敢有一句苛責。朋友中有公開寫文章，每喜歡對統治者與反對者各罵幾句，以示立場超然者，我無不譏評爲五十大板主義，認爲是知識份子的病態。

可是這幾年政情在變，統治者開始恍悟：原來它經營了幾十年的統治基礎，縱然腐化，仍然十分穩固。原因是這基礎建立在龐大的權力與資源上面。只要它繼續掌控這塊利益大餅，適時養餵它的依附者，它便是巨無霸的百足之蟲。過去幾十年間外來政權的心虛，經此體認一掃而光。藉由壟斷的媒體猛敲邊鼓，統治者正迅速在收拾人心，塑造新的形象。

反觀第一大反對黨，延誤了幾年關鍵性的時光，迄今猶陷在泥坑中自我消耗。嚴重的自閉症使得它反應遲鈍，實權利欲又令它當初的理想逐日褪色。然後我注意到三四年前對它抱持熱切期待，在它的周邊默默支持的人，一個個在離它而去。

統治者那邊的形象因利益而重振，反對者這邊的志業則因利益而瓦解，這荒謬可笑卻無趣無淚的戲，正在主宰這美麗島嶼的生息。烽火台懿瀛先生掛電話來，要我每週撰寫一篇專欄時，我正無淚無語。統治者核四廠預算要強行解凍，大林蒲暴警侵入村裡濫打老人婦女以爲報復，「廢國大反獨裁」的呼聲就如同書寫著這幾個字的氣球虛飄飄飛入雲端，無聲無息。然後是反對黨「倒人頭」，賄選傳聞不斷，金權人物列入全國不分區代表立委的榜首，有人公開批評賄選，指出民進黨面臨分裂，有人則反控如此公開批評會破壞黨的形象。

甚麼是形象？沒有理想沒有眼光的形象，只是金粉紅粧的軀殼。戈巴契夫的改革者形象是依靠冷靜分析問題，把他改造蘇聯的志業直接訴諸民眾，深入基層與民眾正面對話，才一步步集結了進步力量。只有這樣冷靜、敏銳、勤奮與坦白，才能撼動保守勢力的根基。

甚麼是反對黨的改革志業？這幾年反對黨著實爲了要中產階級化，塗脂抹粉了好一陣子，最近又因金權化開始漆上金粉銀彩。沒有志業的形象，只是包裝，丟掉它也罷。

我無一點猶豫地答應懿瀛先生的邀稿，理由是決意加入先前爲我譏評者的行列。只是我不從統治者的立場批評反對黨，而是守在另一側，從反對者的角度看反對黨，事情應該攤開來談了。或許這樣做也是知識份子的另一種病態，但台灣社會到處是患有自閉症的人，自閉症對上自閉症，未始不是好事。

中產階級化？

這幾年反對黨爲了提升形象，博得中間選民的支持，不遺餘力的在裝扮自己，使自己中產階級化。在議會路線爲主導勢力的政治現實下，這樣的動機，原也無可厚非。尤其新興的政黨要發揮影響力，當然要獲得廣大民眾的認同。

但政黨要取得民眾認同的應該是它的志業，不是它的裝扮。打領帶、穿高跟鞋，吸收學者入黨以提升形象，也許有策略性的必要。但這些裝扮都與它的志業無關，不會因此眞正開拓出反對黨的發展空間。

反對黨的發展空間是什麼？近年來反對黨的竄起，主觀條件固然是反對運動者數十年悲情的獻身與前仆後繼的犧牲，客觀條件則爲民眾在經濟繁榮的基礎上熱切的期待著台灣出現較合理的社會體制。

可是長年的愚化教育與資訊壟斷，使多數民眾連自己眞正在期待的是什麼，都模糊不清。誰能把台灣的現實情狀說明白，把民眾心中的期待清楚講出來，並努力加以落實，誰便會得到民眾的支持，從而開拓他發展的空間。

台灣現實的情狀是統治者透過中央集權的政治體制，以少數人掌控絕大多數的資源與權力，使整個社會內部的自主力萎縮，使有心之士失力且無奈，使無心者愚化或墮落。具體呈現並深入分析此一現狀，可取得民眾的共鳴。而打破這樣的現狀，挑戰中央集權的政治體制，重新分配資源與權力，使台灣社會再現生機，便是反對者的志業。

換句話說，釐清民眾內心的期待，使民眾看到多數人（包括自己）的利益，如何被公開或暗地裡剝奪，而將被剝奪的現象回溯於政治結構的弊病，這種「從現象回溯本質」的陳述方式，才能促發民眾的政治覺醒，吸引廣大民眾的支持。

反對黨要開拓發展空間，爭取中間選民，只在形象上中產階級化，不止無濟於事，而且可笑。眞正要緊的是提出正確的訴求，與大多數人的利益相結合。如果說反對黨找不到這樣的訴求來對抗執政黨，那不就意味著：反對黨所站的是少數人的立場，而站在多數人利益那邊的，卻是統治者？

要提出正確的要求，須深入民間。一方面發掘民間的需要，另一方面則向民間表達反對者的政治理想，務使兩者在雙向交流中，經相互修正而契合無間。這需要努力不懈，經常而地毯式的佈樁。只到選舉前才站到強光燈前嘶喊，由掌聲疏密去判斷所嘶喊的是否為台下黑壓壓的人群接受，得到的不是民間眞正的回應。只有平起平坐，面對同桌一二十個民眾，與他們對談，讓他們發問，才能發掘問題，訓練自己應變，整理自己思緒，以檢討自己修正自己，從而開展新的運動方向。這些都需要時日，但半年一年之後，便會開始累積效果。戈巴契夫是這樣做才使共黨的保守勢力逐步解體的。但我們反對黨的公職人員從中央代表到地方縣議員都不屑做這些事。

台上對台下的演講，是由上而下的表演與支配，同桌對話卻是平等的質疑與衝激。也許統治者專制的抽象教育已如此根深柢固的植入人心，致使我們反對運動者心目中所熱愛的台灣，原來是虛構的台灣，是概念世界裡沒有百姓，沒有人之實體的島嶼。

把民衆當觀衆

甚麼是政治？政治毋寧是資源與權力的分配。幾年前反對運動初興，保守勢力的統治威權開始鬆動。有朋友問起，是否國民黨勢力從此逐步瓦解？我的看法是「怎麼會？！」理由很簡單，反對運動的主要訴求，沒有明確地擺在國家龐大資源與權力的再分配這件根本大事上。這件大事既不是高如統獨意識的上層建築，亦非低似公共政策的體制內計劃。但它是最根本的事業。如果政治抗爭的兩造勢力，不明白涉入龐大資源與權力的再分配，雙方對決的序幕其實尚未拉開。議堂上的跳桌武打，街頭上的慷慨衝撞，其實都只是對決的假象。

換句話說，當反對勢力認眞而且明確的要求統治者把國家龐大的資源與權力重作合理分配，而逐步取得民眾的共鳴與支持之時，保守勢力不可避免的將面臨一場與多數民眾爭奪利益的對決。可是解嚴多年，這場對決迄未來臨，而反對勢力已屈居下風。原因是反對運動者一方面沈浸於獨立建國的美夢，把它當作根本的政治理想來追求。另一方面則將資源與權力的分配，窄化於執政黨與反對黨之間的分享，使得所有激情的奮戰，流爲台上一個舊集團與一個新集團的拉扯，一場夢加上一場戲，都可惜只把民眾當做觀眾。

事實上政治與每一個人都有密切的關係，只是那關係盤根錯節，不是人人一目瞭然。孫中山講政治，說政治是管理眾人的事。這種說法使人誤解了政治，以爲政治是少數人的事，因爲大多數人都沒有餘裕與興趣去管理眾人的事。可是政治眞正的意涵其實是國家資源與權力的分配。資源與權力如何分配，當然與每一個人的生活及工作，息息相關。舉個例子說，假設有人把國家資源大半放在軍事，用在養大批軍隊，那麼社會的文化及教育必然低落粗糙，民眾的健康及生活必然得不到好的照顧。反過來倘若文化教育及民生等資源充裕，民間個人及各族群能夠自主，社會才會綻放生氣，百姓生活品質才能提高。即使小而切身如青少年兒童會變壞的機會都將大爲減少，因爲教育回歸人性，學校變成細緻的小校，社區規劃大幅改善：博物館、圖書館、公園、球場處處皆是，兒童課餘有健全發展身心的場所可去，不致流連於街頭、電動玩具店甚或地下舞廳。小市民因此可少爲兒女擔心。試看台灣多少徘徊在歧途路口的少男少女，一經轉到國外去讀書，只因發展空間驟然放寬，數年之後即變得穩定成熟，便可知公共資源與個人生活的紐帶關係，原來如何糾結，政治與每一個人的關係，原來如何密切。

反對運動者該做的事，是讓民眾關心並參與國家資源與權力再分配的事業。由此突顯：統治者所站的立場，原來是極少數人的立場，「國家安全」與「整體利益」只是統治者把持龐大資源與權力的藉口。深入民間，一步步指陳事實，使民眾認同反對運動者在謀求多數人合理利益的立場，這是作爲反對運動核心的反對黨老早該做而未認眞做的事。

也只有這樣，才能激發民眾的政治覺醒。打破中央集權、推動公民投票等這類訴求，都是指向重新分配國家資源與權力，使還之於民的大計。也是使台灣社會復甦的生機。

台灣的生命力

年前美國時代週刊登出一篇專文，用「貪婪之島」來形容台灣。最近有幸看到小野「尋找台灣生命力」的錄影專輯，感受到編劇者在劇中滿溢「不後悔的愛」。劇中有民國三十六年國府遷台前某日大公報的一篇評論，說台灣是當時中國唯一的乾淨土，人民勤勞而且具有現代化的條件。影片亦播出幾年前趙耀東慷慨激昂的談話，指稱政府來台，把台灣「從貧窮變成富裕」，而小野鏡頭的焦點則落在今日的貪婪之島上人人追逐金錢，把台灣比擬爲聖經故事中罪惡的所多瑪城。旁白打出：「這個小島不但沒有文化，生活品質及道德且日益淪喪」。

這一連串的資料雖有若干爭議，但自身已指出一個問題：台灣原本是乾淨土，四十年後爲何變成貪婪之島？反對運動者通常只怪罪於國府遷台後的戒嚴統治及貪污腐化。但是，政府的貪污腐化如何在幾十年內便傳染給百姓，使百姓亦變得貪婪粗鄙？若謂富裕使人貪婪，可是多少有錢國家並不如此奢靡。又謂戒嚴使人身不由己，但槍桿子並不必然污染人心。事實上問題的眞正關鍵乃在中央集權。貪污腐化與戒嚴統治則爲其背景因素。

中央集權的意義不只在於中央政府剝奪地方政府的權力，更在於全台灣絕大部份人民的權力與資源被中央掌控，使得社會每一層面每一角落的人都無法參與決定他自己周邊的公共事物，每一個人都須仰人鼻息才能做成功一點點事。

舉個例子說，台灣一般百姓對家前的垃圾堆如何處理，家附近的道路、綠地、圖書館、學校等公共設施如何規劃，工廠如何規範，溝渠如何整治，毫無置喙的機會。村里民大會只是虛設的基層機構，無一點經費及決策權，只有選舉買票時才會被重視。可是人的價值觀並非先天就有的，而是從做事，從他與社會的互動關係，把經驗逐步內化才建立起來的。當人有了錢，他無法透過參與公共事物，去肯定自己的存在，樹立起新價值觀的典範。於是多出的能力與財力，就促使他往物質享受中去尋找出路，藉炫耀財富來襯托自己的價值。這是台灣社會有了錢之後卻發展不出像樣的文化最直接的理由，也是台灣新興的市民階級先天貧血而不帶有進步性的原因之一。

黑格爾雖然是鼓吹近代國家主義最力的哲學家，可是他也明白指出市民階級參與公共事務，對理性國家的形成有著不可替代的功能。公共領域之發達是現代理性社會的特徵。可是台灣四十年來在國民黨高度中央集權的統治下，人的公共領域被剝奪殆盡，殘存的只是以賺錢營生與娛樂消費爲主題的私領域。但一個只有私領域而無公共領域的富裕城市必然淪爲墮落的所多瑪城。

四十多年的中央集權，事實上比許多人所能想像的更深層、更細密的壓抑了人的自主性。一旦失去自主，人的價值、創造力連同人的生命力，便跟著萎縮。原來，小野所想尋覓的台灣生命力，是消逝在中央集權巨大的掌心中。

返回社會母體的信物

在台灣，人只有私領域，沒有公共領域。而在海峽對岸的中國，人卻只有公共領域而無私領域。兩岸的經濟雖水準不一，但社會一樣都腐爛僵化，政治一樣都中央集權。

只是中央集權的方式不同，腐爛僵化的樣態也不同。這邊的中央集權是不讓民眾管事，怕民眾一管事，統治者便不能控制。那邊的中央集權則把全民組織來，大小事組織都要過問。兩岸都有神聖不可褻瀆的國號國旗，權力由上而下，人都失去眞正的自主，社會連同文化都無創造力的生氣。唯這邊的日子比那邊好過一些，原因其一爲台灣先天的條件較好，另一則爲國民黨的統治不如共產黨有效率。亦即，一個中央集權的政府，其統治的手段越無效率，人民越福氣。

社會要健全，須靠不斷的自我調適。而社會自我調適的機能是否能運轉，則看人有無充分的自主性。專制性格的統治者從來不相信人的自主能力。它們只把人當作「人力」與「人口」來對待，要民眾多做工時，叫人力規劃，要民眾少吃飯時，叫人口節育。兩岸的政權都不喜歡人民用腦子想問題，動手做自主創造的事，更不喜歡將權力與資源下放，由老百姓去決定自己的事，去調適社會發展的方向。

詳細一點說，中央集權在台灣剝奪了人參與社會秩序的公共領域，只留給人賺錢營生的私領域。而在對岸則一方面剝奪了人的私領域，另一方面把充滿教條的公共領域強施於人，這種扭曲後的公共領域，是極權者操縱下的產物，不是眞正的公共領域。所謂公共領域，原本是人爲了「社會共同福祉」而參與建立社會秩序的「自主」空間。從周邊及地方公共事務、日常工作中的公共決策，以迄國家政策及憲政秩序，無一不屬於公共領域。但「社會共同福祉」一辭最容易被集體主義者濫用，拿來壓制個人。追求社會共同福祉，卻不出於自主，公共領域便不成其爲公共領域，而只淪爲集體主義的工具。事實上，十九世紀以來，早期社會主義的人道理想在現實政治中消失，便因人的自主被剝奪殆盡，而變得面目可憎，終致墮落潰散。

心理學家弗洛姆講人，說人離開母體降生後，有了自由而發展智慧，卻難免因疏離而焦慮恐懼，但重返母親的子宮已不可能。這時候，人新的母體是社會，而返回社會母體的信物則爲工作與關愛。他所謂工作指超越於賺錢營生而參與社會，而所說的關愛亦不限於私情。人在返回社會母體的路途上，肯定自己的存在，重建新的生活價值與社會秩序。而返回母體的運作場所，便是公共領域。

不論是此岸或彼岸，由於缺乏這種具自主意涵的公共領域，兩個社會都必然失去生命的姿顏與活力，都必然乾枯腐朽。而漢族千年專制文化下的中央集權則爲其罪魁。

台灣本是清淨土

幾年前有個少爲人注意的報導，說某日琉球物價大漲，一家雜貨舖的雜貨仍然不漲。人問老板其故。答曰這批貨物進貨時物價未漲，故按舊價賣出，待下批進貨之後，當依新價發售。

半世紀前台灣社會的一般百姓做人做事，便如這雜貨舖主人一樣淳厚敦實。二二八事變發生時，貪贓公帑被百姓搬到大街焚燒，百姓只圍觀叫好，無一人藉機竊取分文。事實上，戰後的台灣倘若放回中國的歷史去考察，卻是避秦以來中國社會罕有的清淨。國民黨官員如趙耀東一再誇稱國民政府來台，才把台灣從貧變富、從落後變現代，是不了解台灣。眼前這一代一般百姓因受統治者愚化教育，亦人云亦云，未辨眞相。至於反對運動者，在賄選傳聞中，若能回到歷史，看清楚半世紀前的台灣社會，或許有助於反對角色的定位。

（一）戰後的台灣，仍保有移民社會是非分明的特質。移民社會是人與天爭，而不是人與人爭。換句話說，移民社會的發展是開放性的：當人足夠努力而且有足夠聰明去開拓出一片新天地時，人便有飯吃有衣穿，有起碼獨立自主的生活空間，人的是非價值便由此建立。大凡老大帝國之內，人民非靠人與人爭則無以爲生，當然權謀機詐大行其道；而在新生的移民社會中，這套對付人的格式卻不管用。逢山開路遇水架橋，若不務實求是，則路崩橋毀。想靠攀關係找門路，同大自然擠眉弄眼，大自然不會有一絲回應。大自然本身蘊涵世間眞理，人的是非由大自然孕育，亦須放回大自然之中檢驗。移民社會的百姓天天打交道的對象是大自然，因此容易養成是非分明的論世態度。

（二）日據時期，前二十五年藉武力鎮壓，後二十五年則靠安撫歸併。由於治台時日尙短，日本統治者只收買台灣少數大地主，還來不及與台灣中小地主階級結合。二次大戰後日本戰敗，其統治勢力一夜之間撤走，其原有控制的廣大資源未立即被台灣各級地主階級分贓把持。社會發展空間頗爲遼闊，這使得民間潛藏的生命力躍躍欲起。

（三）明治維新之後，日本大量引介西方現代知識。在漢文明原有的文化基礎上，台灣知識分子迅速透過日本之引介得到相當堅實的現代知識訓練。及至戰後，台灣本土一代至二代現代化人才已儲備完成。自科技專業以迄美術雕塑，皆有數量與水準相當可觀之人才出現。而日人因計劃將台灣永久歸併，乃於戰前在台大力推展長期現代建設。這些都使台灣社會在國民黨來接收之前，其現代化條件已遠遠凌駕於除日本以外之其他亞洲各國，亦爲當時之中國所難望其項背。

事實上，戰後的台灣，有台灣民族社會千年以來難得一見的清明。不幸國民黨接收時的貪污腐化，其後的白色恐怖，長達四十多年的戒嚴統治與迄今猶陰魂不散的中央集權，埋葬了一整代的人，扭曲了台灣半世紀來的發展，也使那一度出現於人類歷史的清淨土永劫不歸。

凋零的世代

上週五寫「台灣本是清淨土」之後，有經歷台灣戰後那段時日的年長讀者來相找。舉證支持該文論點，說當時台灣百姓極其守法老實。有多少日本人撤走之後留下的宿舍、土地甚至工廠，長時間空無人用，始終未聞有百姓佔爲己有。當時台灣連流氓也講義氣，盜亦有道，有所不爲。

相形之下，見證過半世紀前台灣社會那一世代的人，最感慨國民黨來台時的專橫苛暴，貪贓枉法。軍人買東西不付帳，老羞成怒則當街杖打小販；兵車橫衝直撞，壓死老弱棄之不顧；大小官員盜賣公物上下其手，發財又升官。在那一世代人的心中，幾十年來這類怪象並無眞正改善，只是明搶變成暗奪，而爛得發黑的根卻愈長愈深，深入台灣社會的每一個角落。

紅包回扣才辦得了事，正直講理則一籌莫展。台灣社會之價値因此錯亂，道德因此淪喪。同時，白色恐怖與軍事戒嚴，則使那一世代耿介之士或死或禁，或閉門不問世事。對於那一世代的人，半世紀前的清淨土，如何一步步變成半世紀後的貪婪之島，是這等鮮明眞實的刻劃在他生命之流中的每一個年月。

是如此淪落的半個世紀，使那一世代人的生命力捲縮。也是如此荒謬的半個世紀，使那一世代的人變成反對運動中沈默但堅定的支持者。在近年新興的反對運動中，是他們的手，一次次把自己辛苦掙來的錢塞入反對運動者的捐獻箱，沒留下他們的姓氏。也是他們老邁的身影，堅持靜坐，露宿街頭於淒風苦雨的夜晚，默默支持反對運動的抗爭訴求。

隨著歲月老去，那一世代的人也急速在凋零。他們是反對運動無聲的鐵票，他們支持反對運動者，不是由於他們有多認同某個政治菁英的個人形象或他提出的抗爭訴求，而是因爲他們那一世代的人對歷史事實的記憶刻骨銘心。他們的凋零也意味著反對運動的鐵票逐年在縮減，此亦爲反對運動者須及早警覺以面對的事。又若非刻意且用心的記錄他們曾見證的大小事實，一個世代的歷史將隨著他們的凋零而空白、模糊或遭人扭曲。在某一社會裡，文化與價值的詮釋權，通常都落在知識菁英的身上。台灣那一世代的知識菁英，雖然透過明治維新後的日本，已初窺西方的現代化精神，但當時的台灣尙爲農業社會，知識菁英的出身經常是小地主階級。由於日本在台統治時日尙短，小地主階級還未被收編於日本統治階級的利益圈中。因此他們在戰前對日本統治者以及戰後對國民黨，都帶有反對色彩，成爲當時台灣社會的進步力量。本身也協同建立起當時台灣社會步向現代化的價值典型，同台灣民間散發新的價值觀。可是二二八之後，他們的聲音從歷史中消失，台灣社會便失去價值觀的重心，無所依傍。

葉石濤描述二二八之後國民黨在台灣推行它在大陸時期不敢也不想做的土地改革，使那一世代出身於小地主階級的知識菁英，連在經濟上都無法自存，而由日文改採中文爲統一國語的語文政策，更使他們一朝之間淪爲文盲。

那一世代的知識菁英，在戰後面對社會的混亂，政治的專橫，經濟的困頓以及文化的斷層。他們原本身負台灣一個世代的價值重心，卻因宿命的悲劇，倏然從歷史中消音。此後台灣已不再是清淨土，不再是美麗之島，而是一葉失去生命力的孤舟，漂泊在大洋，隨波逐流。

反對運動的傳統

任何政治運動的崛起，都有它的精神力量與發展條件。台灣近年新興的反對運動，在蔣經國時代中期，因應台灣經濟發展的自由化需求，開始從白色恐怖中走出。經中壢事件、橋頭示威到美麗島大審判，攫住了全島民眾的關注，也吸引大量新生代的投入。其後在國民黨迫害、孤立、壓制與醜化之下，逐步開展，贏得民間暗裡廣泛的同情。到蔣經國時代末期，終於突破黨禁，成功組黨，並為接踵而起的社會運動鋪好路基。及至五二〇農民運動被鎮壓，李郝體制成形，並與金權充份結合，統獨之爭正式攤上檯面，反對運動便已形塑出今日的面貌。

但面貌之下終究要有精神力量的，精神力量則又來自傳統。台灣反對運動的傳統是什麼？在今日反對運動者身上流著的，應是凋零於戰後那一世代人的血液。那一世代堅持是非的反抗精神，穿過歲月凝結成新興反對運動的傳統，使七〇年代的反對運動平地春雷的崛起，震驚了國民黨統治的領導中心。

由於這股堅持是非的傳統，美麗島事件之前，反對運動者經小道消息傳出的每一句話，每一點訊息，都被民間毫無保留的相信。也由於這股傳統，一批批有理想色彩的新生代從無名的角落走出來，投身於反對運動的行列，較進步的中產階級則站在隔街默默支持與期待。有四、五年的時間，黨外雜誌能穿過情治人員全面嚴禁查扣的防線，進入民間廣為流傳，而猶有盈利，反映的正是民間對反對運動傳統的信任與肯定。

可是與此相伴發生的，即是這股傳統迅速在流失，流失於反對運動的庸俗化。選舉政治的現實利益使佔據權力要津的中生代在名利中忘卻傳統，而歷史的斷層又使新生代未及辨認傳統之前已漸居權力要津。進入八〇年代中期之後，連反對運動賴以打通民間聲息的地下黨外雜誌，也沾染粗糙短視的惡習，新報導的事常為聳動人心而捕風捉影。早期反對傳統中的信實精神，已被幾十年戒嚴愚民與加工短利交乘出來的劣質文化所吞噬。

反對運動堅持是非的精神，是它來自那凋零世代的傳統，也是它有別於統治者的判準。近年反對運動的庸俗化，已使這樣的精神模糊難辨！也使更新一代的年輕理想主義者望而卻步，十年前為獻身反對運動而絡繹於途的盛況已無復可見。尤其值此民進黨內賄選分裂疑雲密佈之際，尋回傳統，重新定位，或許是反對運動復甦更新的唯一生機。

花與蝶

最近民進黨發生年底立委選舉全國不分區代表的賄選傳聞。傳聞之所以發生，在民進黨內部是由於反對運動的傳統已日益爲庸俗化的質素所嚙蝕，猶幸有一股反省力量：在黨的外部則基於反對運動的支持者對民進黨兩三年來的抗爭目的因迷惑而失去信心，卻存有最後一點期待。

反對運動的支持者之失去信心，固然有種種面向。其中之一則呈現於近年社運與政運之間的裂痕。社運與政運間的關係，猶如蝶與花之共生共榮。蝶因花而寄食，花因蝶而四處流播。由於政運之慷慨犧牲，突破戒嚴，社運才有起始的開展空間，致如雨後之春筍。又由於社運之深入民間，尤其深入弱勢族群，呈現社會內部的實質問題，政運才能放大分貝而萬旗飄揚，波瀾壯闊。民進黨既代表政運，囊括反對運動中的主要政治資源，其幹部（包括黨主席）若不能理解其與社運間之依存關係，敷衍甚或踐踏社運需求，則嫌隙必生，反對力量亦勢必削弱。而社運工作者若對本身自主性擴大解釋，無視於：唯有兩者依存，凝結反對運動的全部力量，才能使統治者有一絲讓步，則容易流爲孤芳自賞，在虛無中枯萎。去年年底國大代表選舉以來，社運與政運兩股力量始終無法整合，且齟齬不斷。及至四一九，民眾遭無情痛打強制驅散之後，反核示威者爲訴求單純，猶與政運劃清界限。這些都是令人扼腕的錯誤。一年之間，反對運動者得到的成績單，是統治者得國代四分之三以上席次完全主控修憲，並悍然解凍核四預算。

爲了賄選傳聞，八月二日民進黨將召開黨代表臨時大會，重新決定全國不分區代表如何產生，這顯示出黨內部的反省力量抬頭，值得肯定。報載會有數案被提出考慮，其中有：由黨員直選案、放棄代表名額案、由黨主席提名中執會決定人選案，及由弱勢團體及學者專家擔任案等。

連日來已有較具理想色彩的人士撰文支持最後一案。事實上此案是否有學者專家擔任並不重要，學者專家在立法上自有它可扮演的角色。（如成立黨團立委之學者專家顧問群，賦予較積極的任務，不必堅邀其站到台前，逐漸變化爲政治人物。）但由各領域的社運代表來當不分區代表，卻可整合社運與政運問的斷層，豐富且深化問政內容，擴大反對黨的結合面以吸收中間選票，從而壯大反對運動之陣容與力量。社運代表不一定自弱勢團體產生，而是依目前社運主要領域來推選代表。例如自環保、原住民、殘障、勞工、農民（含漁礦）、教育、婦女、文化、青年（代表學運）、無住屋者等各領域依順位選出代表各一人。公開接受推薦，由黨主席及中執會成立甄選小組決定代表名單。不必拘泥被推薦人爲現有黨員，以擴大結合面。同時，社運團體則應承諾全力助選，而非坐享其成。

沒有社運的政治運動，會聽不到民間的聲音，容易陷入實權政治只有權謀沒有生命姿顏的水泥坑洞中，散失反對者的精神力量而不自知。台灣的政治距離兩黨制還有一段遙遠的路，民進黨執政之夢仍爲幻影。夢要成眞，先要回到民間，回到反對運動中，尋求支持，尋求源源不斷的生命力。

政治運動者掌握政治資源，便也主控反對運動的發展。主動讓予社運者一點自主空間，並非施捨，而是爲了共生共榮，豐富反對運動的內容，也早一天實現執政之夢。當蝴蝶能展翅遠行，牠腳下的花粉才能四處遠播。

理性與溫和不相干

近年統治者爲了抑制街頭運動，常利用媒體不斷呼籲理性溫和，來暗示反對運動的暴與亂，使民眾認同統治者維持政權安定的立場。最近一兩次反對運動示威平安無事之後，連遊行主持者於事後也自稱其經過理性溫和，是謂成功。

其實理性與溫和是扯不上邊的。當社會發展到必得求變之時，順應其變是理性，強壓不變才是不理性。美國獨立革命、孫文推翻滿清與台灣反對運動突破戒嚴，盡皆理性但不溫和。

而戒嚴期間，內政部長林洋港說台灣的戒嚴只實行千分之三，國大臨時會之後總統李登輝說這次修憲比革命更具革命性，而幾天前在民進黨代表臨時會上，立委陳光復說吃素的人是少數所以也是弱勢團體，這些則爲溫和但不理性。

那麼，理性是什麼？理性是人脫離自我中心進入普遍世界，以普遍觀點看待事物的一種態度與能力。並不是所有人所有時刻都要用這種普遍的理性來對待生活。齊克果刻劃哥本哈根街頭男女的特殊風情，嫌惡黑格爾的大塊宇宙與國家理性，卻因而開啓了存在哲學的思潮。文學藝術宗教工作者由深刻掌握特殊，去探索普遍，政治家則應有切入普遍世界核心的能力，從普遍中去觀照特殊。

兒童的天生特徵之一是自我中心。但這種自我中心並非道德上的自私，而是認知上的限制。由於兒童早年所有知識，皆經由他本身的感官去碰觸外界，不斷與外界互動才逐步形成。所以幼兒無法跳脫自我本位去看事情。人類文明的成就，便是人一級級脫離自我中心、部落中心、種族中心與國家中心而一步步獲致。當人開始學會從他人的不同角度去感覺事情，去探討問題，從而找到普遍觀點，找到不變性與普遍原理時，人便開展了文明，發展出理性。法律與科學都是這樣發展出來的。

歷史當作歷史科學來探討時，也在找尋不同社會發展下的普遍規律，在比較不同社會發展中的特殊面目。在這種普遍觀點之下看待問題，便是理性。上述林李陳諸人看法，固然溫和，但都離不開族群（比如說統治階級）中心或個人的自我中心，而不是從歷史與社會發展的全面觀點去分析內因，所以不理性。反過來像美國獨立革命、菲律賓人民革命等，則從當時社會變遷的普遍需求去行動，雖不溫和，卻是理性。

理性不是泛泛無所堅持的所謂客觀，而是蘊涵著：由特殊歸納出普遍，在普遍中推衍，再從普遍又回來印證特殊，如此來回往返的辯證過程。但因爲人經驗的限制，事實上無法來去自如，這使得哲學或科學的理性主義落入普遍世界的陷阱，忘記觀照特殊而流爲專斷：也使得文學藝術的創作主義者掉入特殊的坑洞，看不到普遍（如普遍人性）而變得虛幻。

但我們的統治者，什麼都不是，連兒童認知上的自我中心都不是。它只是統治階級利益的自我中心。把理性與溫和劃上等號，正好顯示出它把持利益的用心。理性與溫和毫不相干。相反的，理性反孕育了對威權的叛逆。十八世紀啓蒙運動者強調普遍人權，強調自由平等博愛的理性主義，卻觸發掀天翻地的法國大革命，使人類的歷史敲開近代世界的大門。

認清理性與溫和的差別，會延緩反對運動的庸俗化。

執政之夢

在野黨想要執政，是天經地義。台灣近年新興的反對黨有此大志，也理所當然。但到執政之路的思維有兩種:（一）既準備執政，便要使民眾有信心，對內當然要重法紀，使令出必行，且要求黨員要靠制度，不能靠精神或道德。（二）既仍未執政，首要之務便是擴大結合面，以多數民眾利益的立場作爲反對黨的發展訴求，吸引多數民眾的認同，以早日執政。

前者對內，後者對外。兩者都一樣非常重要，這無庸議論。問題出在兩者衝突時怎麼辦？這時應如何取捨？比如說：某黨員在初選登記截止日期後，才決定要參選，以他本身的特殊條件無疑可大力開拓新票源，爭得中間選民認同，不必在反對黨百分之二十五的鐵票圈中搶骨頭。這時反對黨要接納登記鼓勵參選，還是要判他違紀逼他脫黨？又比如說黨內現有制度無以事先有效防範賄選，賄選縱然只有傳聞及間接證人，但已足以呑噬反對黨的精神力量，這時應任由它去，還是要嚴以面對？

兩種思維方式都爲了要執政，因執政之後黨的法紀尤爲重要，而非多數民眾認同則亦無法執政，可是兩者主次如何排定？這是最近反對黨本身亟待自我釐清的問題。設若一年兩年之後便執政在望，那麼整頓內部建立法紀制度，當爲刻不容緩的事。但以今日反對黨的內在體質與外在條件來看，執政仍然是遙不可及的夢。反對黨在未來一二十年內會如何起落？是分裂，是重組？是煙消雲散，是日益壯大？是依附於國民黨，還是取而代之？是多黨林立，還是兩黨制衡？這條漫漫長路潛藏的許多變化，誰都無法預知。人可以有雄心壯志，但更需智慧及毅力。

如果看不出短期內便可執政，那麼最重要最踏實的事便是壯大，結合多數民眾以壯大。固然強調內部的法紀制度，也因組織強化，有助於壯大，但更常發生的是：變成劃地自限，尤其法紀制度的物質基礎乃爲資源與權力，對於資源權力盡皆極爲短缺的反對黨，要在內部伸張法紀制度，最後只有風風雨雨，山頭林立，誰也不服誰。

若是要壯大，要結合多數民眾，便不能不回歸於堅持是非的反對傳統，這是當初反對黨賴以崛起的精神，也不能不把多數民眾的期待與認同放在反對黨發展思維的第一順位。

執政其實是夢，夢會模糊現實。反對黨原只是反對運動中的一個成份，而今日反對黨的政治活動也只是台灣反對運動奮鬥史的一頁。它不是反對運動的起點，也不是終結。把自己放回歷史之流，從歷史巨大的回聲中才能分辨自己言語的意義。

台灣人的街民意識

街民意識是新興反對運動的思維中較內在的阻力，也是「台灣人」文化深層結構的問題。

（本文所稱「台灣人」，暫指光復前已定居於台灣的人及其後代子孫。）

一個拓展中的社會，人是開放直前的。田立克（Paul Tillich）寫「生之勇氣」時，曾指出近代歐洲自文藝復興以迄大移民時期，人從過去接受命運轉變為對命運展開奮力不懈的格鬥。命運就如帆上的風，人類是舵手。來台灣的移民，經歷四百年的開疆拓土，原也有這樣開放直前的特質，可惜經過外來統治者一再的壓抑。普遍卻變得封閉猶疑。

通常一個社會，尤其階級流動率偏低的農業社會，其上層階級主控並運用整個社會的權力與資源，中層階級固守或小心翼翼的經營一塊屬於自己的小天地，底層 民眾則在血汗與淚水中直接生產社會財富。在外來族群的統治下，本地的上層階級只有兩種選擇：依附或自保。依附便同化於外來統治者；自保則降轉中層階級。兩種選擇都使上層階級的主導功能消失。台灣各階級的活動，近百年以來便出現這種削平塔尖的金字塔結構：沒有上層的運作，只有中底層的固守與納貢。台灣人，族群的街民意識亦在這樣的歷史經緯裡產生，隨歲月而深植於族人的意識深層。街民意識指的是小鎮鎮民（Town people）的意識型態。一個鎮民擁有的也許是一片店舖和一棟住家，他在那裡出生，在那裡長大，在那裡度過一生小康的生活。他不偷不搶，頗能堅持小是小非，但視野狹窄，不能欣賞異類。他救濟乞丐，但深惡搶匪。他潔身自愛，但害怕大風大浪，對於變局與新生事物，始終深懷疑懼。

這種意識當然普遍存在於每一個社會的中層階級。但在台灣由於長期接受外來統治，台灣人的上層階級被剝奪其運用社會資源的權力，而併入中層階級的守成架構中。整個族群的活動因此被壓縮在固守所有與提供勞力的夾層。中層階級守成的街民意識遂成爲整個台灣人族群的主流意識。

戰後國府來台，軍隊鎮壓與土地改革，更深化台灣人族群削尖的金字塔結構，也更強化台灣人的街民意識。六〇年代以後，社會上下流動率雖然增加，但政治的中央集權則更徹底的壓抑人的創造力，台灣人的街民意識愈形鞏固。

街民意識呈現於台灣人族群的各個面向。譬如反映在教育或就業市場上，是汲汲於替子女謀得一個沒有開創性的鐵飯碗；反映在學術界，則爲清高自許但不易進步的閉門造車；反映在政治上是對現體制的依賴與對台灣未來強烈的不安全感；而反映在反對運動中的，則是劃地自限，只論小是小非，無視大社會的脈動，不能結合多數民眾與對底層階級群眾的陌生與恐懼。反對運動的崛起，曾印記先行者大是大非的腳跡，可是紛沓而來的眾多步履很快便踩亂了地面的留痕，街民意識界定了反對運動的格局。反對運動掙脫不出這格局，說明的其實是街民意識在台灣人族群的百年記憶久久不滅。這或許是被統治族群的歷史宿命罷。

裁軍與社會復甦

裁軍是二十世紀末人類社會最重要的課題，也是自古以來人類長久壓抑的和平夢想之所寄。台灣反對運動者應毫不遲疑的鼓吹裁軍，以結合多數民眾，釋放台灣的生命力。在專制國家，軍隊從來便是統治者壓制人民的工具。半世紀前，台灣剛歡天喜地的送走了窮兵黷武的日軍，二二八來台的國民黨軍隊（一說青年軍爲其主力）立即滿手淌著台灣民眾的血。然後是長達四十多年的軍事戒嚴，軍隊不過是統治者施行白色恐怖政策的後盾。絕大多數的民眾應召入伍，內心都只有無奈與恐懼。豎立槍尖與鐵絲網的軍營，象徵台灣二千萬民眾一生下來便揮之不去的夢魘。

六〇年代全球性的反戰運動，激起千萬人內心「人類一家」的高潔情操。這是三〇年代埋葬在西班牙內戰的英魂復甦。幾億人開始對戰爭的本質重作深刻的反省，而逐步從依靠軍隊來保衛人民安全的幻夢中驚醒，恍然大悟軍隊的任務原來鎮壓重於防衛。可是軍事戒嚴下的台灣，在這席捲世界的反戰浪潮下處變不驚。從幼稚園小班開始，純潔的孩童猶唱著「哥哥爸爸真偉大」、「當兵笑哈哈」。Joan Baez 淒美悲情的反戰民歌一吹入台灣，即刻變調成沒有血淚的青春旋律。

而八〇年代台獨意識的興起，必然伴隨著島嶼新興中產階級強烈的集體不安全感。面臨對岸專制中國對台灣主權的強悍索求，反對運動者亦陷入發展軍事甚至核武以保衛台海的迷思，無法決然要求裁軍，削弱統治者手中工具，重新分配國家資源，來發展民間力量，與民眾利益站在一邊。這是反對運動思維的困境。如此困境使得反對運動的訴求顯得軟弱無力，而與統治者難分彼此。打著台獨的旗幟，徒然爲統治者的獨台鋪路。

反對運動的反對意義，應該比獨立建國的抽象理想根本而深刻。反對運動者應該從根本反對統治者藉手中龐大的國家機器壓制民眾，從根本反對統治者主導下的人與人的剝削與壓迫，使人的生命力從舊社會組織中釋放出來，共同去摸索，以形成新的人性化的自主社會。台灣獨立在這樣的思維脈絡中才顯得天經地義。

裁軍也依此脈絡尋思而變得理所當然。反對運動在台灣現階段提出裁軍，應以如下事實為經緯：

（一）台海四十餘年來之所以無戰爭，並非庇蔭於台灣國防兵力，而是國際情勢使然。倘若兩岸戰爭發生，台灣軍力即使加倍擴編，亦無濟於事。台灣安全不能仰賴國防兵力，而須依靠台灣社會內部的凝聚力與全球政治外交的情勢。

（二）目前國防預算併計其潛藏部份，連國家總預算之半，台灣社會各層面因而萎縮不振，只能在夾縫中自存，因此品質粗糙。以最近布希答應軍售F十六戰機一百五十架為例，售價達一千五百億台幣。只要省下其中五十架，便可新設五所至十所大學，招收新生三、四萬人，大幅紓解台灣中小學教育的升學壓力，台灣教育將因此活潑起來，這是解決台灣教育問題該跨出的第一步。

（三）青年徵召入伍，延遲創業年歲。大幅裁軍可釋放大量人力，投入社會建設及創新，尤其有助於縫合目前各行各業技術人才培育的斷層，亦有助於促成台灣學術研究的升級。

這些事實無一不與民眾切身利益攸關。反對運動者應以裁軍作為中程抗爭訴求，以擴大結合面。並催化台灣社會生命力的復甦。

反對黨的訴求

這幾年反對黨一直找不到適切的抗爭訴求。去年國大代表選舉前後，這種焦慮尤其瀰漫於反對黨內外。尋找抗爭訴求時，反對黨每每陷入一時策略的考量，以致無法突破困境。事實上找不到抗爭訴求，說明的是反對黨逐漸在脫離民眾而自我迷失。選擇抗爭訴求，先要問：反對黨反對的是什麼？

反對運動崛起的原因，是統治者長久把持權力與資源，背離甚至出賣多數民眾的利益，阻礙而且扭曲社會的健全發展。反對黨所反對的，正是統治者這種作爲。因此結合多數民眾的利益，與多數民眾站在一邊，便是反對黨的志業，也唯其如此，反對黨才可能取得多數民眾認同，反對黨的事業才能蓬勃發展。

反對黨提出的訴求，必須能切入統治結構的核心，切入重新分配權力與資源的深層，讓民眾因認同這些訴求，尾隨而來，而不能始終迂迴的游走於問題的邊緣，脣焦舌敝的停留於所謂「宣導」與「教育」民眾。例如中央集權是國民黨四十多年來手中最有效的統治利器，也是台灣社會的痛灶。直接挑戰中央集權，要求統治者把權力與資源下放於民間（不止下放於縣市鄉鎮，亦下放於街里社區，下放於個人），可以匯集民眾的支持，促發民眾的政治覺醒，更進一步催化台灣社會體質內在的調適與變革。這才是台灣社會改造的契機。

往者已矣，未來五年十年間，反對運動的抗爭焦點應該集中在包括：（一）中央集權的解體，（二）大幅裁軍，（三）實施公民投票，（四）開放大眾媒體等的具體訴求。

前文已約略探討大幅裁軍的意義。裁軍的意義是瓦解保守勢力的本營。戈巴契夫上台不到兩年便動手大幅裁軍，軍隊從來是統治者的工具，即使先進國家如英美亦然。執政者能大刀闊斧的裁軍，所顯示的是改革者從事改革的眞決心，決心與保守勢力從此割裂，走向民眾。李登輝曾公開自誇比戈巴契夫高明，故未蒙難。其實李氏從來不是什麼改革者，他上台之後，從未敢像戈巴契夫那樣，經常出現在鄰里村道，出現在電視上，將改革的理想直接訴諸民眾，尋求民眾支持，以對抗保守勢力的反撲。對於龐大的軍方勢力，李登輝未曾主張裁減一兵一卒。這是因爲軍隊自始便是國民黨統治台灣的後盾。所有統治者都反對裁軍。

可是台灣新興的反對黨也不曾認眞考慮過裁軍。布希答應出售F十六戰機一百五十架，台灣百姓不分老少，每人須爲此支付一萬元，一家五口便支付五萬元。但耗費這麼龐大的社會財富，果能提供台灣百姓的安全嗎？還只是爲了求取心理平安？不反對裁軍的反對黨到底要反對什麼？

反對黨應竭力主張精簡現有兵力，大幅裁軍，以這次戰機軍售作爲議題，與統治者對話，藉此向民眾剖析利害。要求逐步裁軍，將節省下來的幾千億財富轉用於民生與文化建設，同時提出裁軍以縮短兵役年限，甚至考慮改徵兵爲募兵。這些號召容易吸引民眾（尤其婦女與青年）之認同，亦有助於社會復甦。

二十世紀的思想家如羅素、馬孤哲、愛因斯坦、卡薩爾斯等人無一不是反戰主義者。裁軍與反戰除了具有現實的政治意義外，更涉及人根本的思想解放，涉及人的自由與價値等較深層的問題。

公民投票與政治覺醒

促成公民投票的實施，是反對運動的重要任務。把實施公民投票，列爲反對黨的主要訴求之一，可以結合多數民眾，爲步向自主社會或公民社會的政治理想鋪路。

實施公民投票的範圍，不應只限於進入聯合國與主權獨立，還應擴及眾多公共事務，諸如社區自治事務、重大公共建設、具爭議性的法律、憲法複決，甚至關係於人民生命財產等基本生存權的戰爭宣告等，都應包括在內。

以今年（一九九二年）四月民進黨國代黨團退出修憲國大，走上街頭抗議國民黨一黨修憲爲例，來做點說明。不能適時提出實施公民投票，以複決國民黨修憲案的公開要求，反映的是民進黨決策者的自閉。把抗爭的訴求只定位於反對一黨修憲，會把人民與統治者的對立轉化成兩黨之爭，民眾則因此變成了觀眾。四一九遊行前後，民間的反應是：「誰叫你民進黨輸掉去年國代選舉，讓國民黨坐擁四分之三以上的席次。」倘若當時民進黨集體退席之時，即公開要求公民複決，則意謂著民進黨走入民眾，與民眾共同向國民黨要求由全民複決國民黨把持修改的憲法。憲法是人民與政府訂立的契約，人民的參與本是理所當然。要求實施公民投票，理直氣壯，無懈可擊，大起大行，大家之風，可以博得多數民眾的立即認同，不致陷入孤立的圍城，流於後來的慘敗。

一日：台灣民眾太冷漠，不見得就會認同公民複決的要求。可是事實或遠為樂觀。根據去年底國代選舉前中國時報一項民意調查結果，支持台灣獨立者為百分之五，一般咸信這類調查必有相當偏差，實際應在百分之十五以上。但同樣這份帶有偏差的調查都又指出：支持以公民投票以決定台灣是否獨立的民眾竟高達百分之卅七。這說明了實際上應有多數民眾認同公民投票的實施。次日：國民黨絕不會答應修憲案由公民複決。但國民黨的不答應正好洩露了統治者對人民的疑懼！洩露了它反民主的眞面目。國民黨怕什麼？怕它所統治下的老百姓。這時誰與民眾站在一邊便一覽無遺。

又曰：台灣民眾政治覺醒偏低，實施公民投票說不定結果反會贊同國民黨的修憲案。這是弔詭的煩惱。（國民黨對老百姓不放心，民進黨也不放心？）果其如此，反對黨只好承認挫敗，挫敗的結果適足以鞭策反對黨去經營基層深入民間。事實上公民投票的實施過程，便是促成民眾政治覺醒的最好機會。

近代民主國家的代議制度是間接民主，選出來的是人，而公民投票則屬直接民主，要選的是事，不是人。兩者的政治影響差別甚鉅。選人，牽涉到選民對候選人的認知，但候選人有多可靠，能否代表自己利益，選民毫無把握。這是完全代議制度下民眾對政治冷漠的原因。選人不如選政黨，選政黨又不如選事。選事最牢靠，最能使民眾參與，也最能藉此提升民眾的政治覺醒。這正是自主社會的精髓所在。

實施公民投票之前，政治人物或政黨必得全心全力去說服民眾贊同他的主張，說服民眾站到他那邊。這時人民變成了眞正的主人，做爲主人的感覺也會使人民努力去認清事情的是非，反對運動者要喚起民眾覺醒，不能靠宣導、包裝、推銷與所謂的教育民眾，而**應該靠民眾的直接參與**，直接參與之後的覺醒是內發的，所以實施公民投票，爲民主所鋪下的路也最實在。

民進黨與國民黨有什麼區別？

最近偶會聽到有人問起：「民進黨與國民黨有甚麼區別？」直覺得這是個好問，題。我幾次以此詢問民進黨內的一些朋友。第一種反應是：民進黨主張台獨，國民黨則主張統一。第二種反應為：民進黨照顧弱勢族群，倡導社會福利國家。第三種則乾脆回答：民進黨反老K啊！

關於統獨之分，不可全信。事實是民進黨公開主張台獨，國民黨暗裡希望獨台（眞正統一了他們吃什麼？）。一個苦耕耘，一個等收割。相差只是一明一暗，除非有人能講明白台獨與獨台眞正的差別何在。在若民進黨照顧弱勢者之說則是口惠而實不至。不過一個多月前，民進黨黨代表大會不是才封殺了弱勢團體的代表取得不分區立委保障席次的可能？這幾年只看到政運與社運間格格不入，民進黨作為台灣最大且近乎唯一的反對黨，幾時曾眞心要包容社運的力量，來佐助自己為弱者講話的聲量？

民進黨與國民黨有什麼區別？這是民進黨領導人尤其須要深思的課題。前文曾論及反對運動的主要訴求應該定位於諸如打破中央集權、大幅裁軍、推動公民投票，爭取媒體開放等這類要求重新分配台灣社會權力與資源，以結合多數民眾利益的重大議題上，藉此重建台灣社會的是非，釋放台灣社會的生命力，使台灣復甦。

無疑的，這些年來民進黨也有從政黨員零零星星的在這種議題上努力不懈，但問題出在它們不成為民進黨員的共識。民進黨也不曾透過較具規範的抗爭活動，去向民眾宣告黨本身這種鮮明切入社會結構核心的政治立場。又到選舉期間，才在候選人文宣上挖空心思，打出福利國家、社會正義的旗幟，給予民眾的畢竟是華而不實的口號。

我們已多少探討過中央集權、裁軍、公民投票等訴求的意涵。至若開放大眾媒體這一訴求，多年來民進黨、社運團體、學生教授及民間都一直在抗爭。小蜜蜂的噴漆即為頗具創意的頑鬥。大眾媒體被統治者壟斷及控制，是解嚴後反對力量衰敝不振的客觀原因。月前有位替國民黨籍立委當助理，而本人頗為用心的青年，私下提起他年來在立法院的經驗，說只要電視台肯天天將立法院問政答辯的實況，一五一十的轉播給全國民眾觀看，不出一年，民心將倒向民進黨。姑且不論這位青年助理的觀察是否百分之百可靠，但開放大眾媒體，對反對力量的興衰有決定性的作用，則無可置疑。

但這一重要訴求，迄未受到民進黨應有的重視，而由民進黨發動全民示威來促成。反對運動者常認為反對訴求應隨偶發事件來引燃。事實上政黨的重要訴求在一定客觀條件下，亦可以由主觀力量去起動，例如年來主張公民投票進入聯合國的和平示威，分北中南三次舉行，規模盛大。但該議題並無任何偶發事件為先導。

開放大眾媒體或其他如公民投票複決修憲案，打破中央集權等重要訴求，事實上可以逐次做爲主要訴求，提早於大遊行之前半年便開始活動，辦基層座談、室內外演講、研討會，一波波發動文宣，促銷有關錄影（音）帶，使訴求隨活動深入各角落，又以老鼠會方式動員各階層朋友，讓民眾力量逐漸累積形成，而匯集於大遊行當天。系列活動、公開討論與深入動員，其實最能激發民眾的政治覺醒，也最能集結起台灣社會自主與批判的內部力量。

每隔一兩年，在統治者規定的選舉日期到來之前，便有千百個反對運動者掉入選戰，爲某些候選人效力，在候選人身上寄存一些不著邊際的夢想。爲什麼民進黨做爲台灣最大的反對黨，不能像辦一次選舉一樣，由自己來主導一個有意義的大規模抗爭，在反對訴求上，明白宣告與統治者決裂，眞正結合多數民眾的利益，發展出台灣社會自主與批判的內部力量。

明白宣告反對訴求，集結民間力量以推展反對運動，民進黨才能改變目前已成爲選舉黨的保守體質，接引上一世代反對運動的傳統，而與眾人一起，走出四百年來烙記在台灣族群意識底層的宿命。

一九九二年夏

左岸社會議題　364

童年與解放衍本【教改三十周年復刻版】

作　　者　黃武雄
總 編 輯　黃秀如
責任編輯　蔡竣宇

出　　版　左岸文化／遠足文化事業股份有限公司
發　　行　遠足文化事業股份有限公司（讀書共和國出版集團）
231新北市新店區民權路108-3號8樓
電　　話　（02）2218-1417
傳　　真　（02）2218-8057
客服專線　0800-221-029
E-Mail　rivegauche2002@gmail.com
左岸臉書　facebook.com/RiveGauchePublishingHouse
團購專線　讀書共和國業務部 02-22181417 分機1124
法律顧問　華洋法律事務所　蘇文生律師
印　　刷　呈靖彩藝有限公司
三版一刷　2023年9月

定　　價　480元
I S B N　978-626-7209-57-8

童年與解放衍本／黃武雄作.
－三版.－新北市：左岸文化，左岸文化事業有限公司出版；
遠足文化事業股份有限公司發行。2023.09
面；　公分.－（左岸社會議題；364）
復刻版
ISBN 978-626-7209-57-8（平裝）
1.CST: 人生哲學
191　112014689